超効率的「ベストな1歩」が記録を伸ばす!

最高の走り方

筑波大学陸上競技部
男子駅伝監督
EVOLUランニングクラブ ヘッドコーチ
弘山 勉

小学館

はじめに

ランニングは、スポーツです。

スポーツである以上、よい結果が出たほうが、楽しさは広がります。そして、自分の限界を超えるために努力をし、挑戦し続けることこそ、ランニングの最大の醍醐味だと思います。また、老若男女問わず、それぞれのレベルで誰でも挑戦できるということが、これほどまでにランニングを楽しむ方々が増えた理由といえるでしょう。

私自身、高校から陸上競技を始めて、もうすぐ40年。これまで、選手として、指導者として、「走ること」に情熱を注いできました。

速く、長く、ラクに走るために……。

この単純なテーマを追求するために、長年にわたって試行錯誤をくり返してきましたが、いまだ正解にたどり着けてはいません。この単純だけど奥が深いところが、多くの人を引きつける「ランニングの面白さ」なのかもしれません。

しかし、正解にたどり着けていないとはいえ、私も多くのアスリートを指導し、幸いにも世界に挑戦する機会も得た経験から、現時点で正解に近いメソッドは見えてきた気がしています。

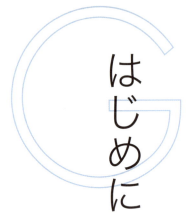

RUNNING

ランニングの神髄は「最高の1歩」にある。

長距離競技における速く走る能力は、さまざまな要素が複雑に絡み合って成り立つものですが、それを凝縮したものが、ランニングのフォームであり、一連の動作から生まれてくる「1歩の力」にあると考えます。

男子フルマラソンの現世界記録保持者であるエリウド・キプチョゲ選手。ゆったりとラクに走っているように見えるあのフォームから、1㎞当たり2分52秒という驚異的なスピードが生み出されます。あれこそが、ランニングエコノミーの究極。あらゆる効率性が追求された、現時点で世界最高のフォームだと思います。

もし、「もっと速く走りたい、自己記録を更新したい」と思うなら、今一度自分のフォームを見直し、その精度を追求すべきです。キプチョゲ選手のように走ることはムリかもしれませんが、「自分にとっての最高の1歩」は必ずつくれるはずです。

本書には、これまで研究された一般的なデータや、私の経験則から導き出した分析やメソッドをもとに、「最高の1歩」をつくるためのヒントを込めました。皆さんのそれぞれの目標を達成するための一助になれば、幸いに思います。

筑波大学陸上競技部 男子駅伝監督
EVOLU《エボーリュ》ランニングクラブ ヘッドコーチ　弘山 勉

超効率的な走り方とはなにか？

効率のよい走りができず、悩んでいるランナーは少なくありません。では、具体的に課題克服に取り組んでいるランナーはどれくらいいるのでしょうか？

今回、350名弱のランナーにアンケートを実施しましたが、**自らの課題を把握しているのが全体の約65％、さらに具体的な取り組みを行っているランナーに至っては約51％と全体の約半数しかいない**という結果になりました。つまり、多くは効率的な走り方に対する正しいアプローチができていない実状があるということです。

ロスの少ない効率的な走り方を理解している？

そもそも「効率的な走り方」とは、どういうものなのでしょう？　一般的には「より少ないエネルギーで大きな力を発揮する」といったイメージかと思いますが、**多くの方が「より速く走る＝より力を入れる」という概念を壊せない**でいます。

各筋肉の伸縮の度合いを調節し、関節を3次元的に正しく動かすことが「効率的」であり、**全身の効率的な動作がタイミングよく調和して走ることが「効率的な走り」なのです**。パフォーマンスが高くないランナーに総じて多いのが、物理の法則を利用できず、自然の法則に負けて、エネルギーをロスしている走り。重力やテコ、反発、振り子、位置エネルギーなどを利用できず、余計な筋力を使ってエネルギーを浪費しています。

位置エネルギーは、高いところから落とせば強い力の反発をもらえます。振り子は振れば自然に戻ってきます。テコは少ない力で支点となる関節を介して接地点に大きな力を与えてくれます。

エネルギーを**「速く、長く、ラクに」**カラダを前に運ぶことだけに使えるようにするには、**正しいフォームの知識が必要**です。つまり、長距離を走るための効率的なフォームの第1歩は、知ることから始まるのです。

千里の道も「最高の1歩」から

たとえば100m走などの短距離競技。カラダをつくり、動きの精度を高めることが、コンマ数秒のタイムに影響します。勝負は一瞬であるため、**1歩の重み**は計り知れません。そのために、短距離競技者は日々、効率のよいフォームを追求し、筋トレや、動きづくりのエクササイズに多くの時間を費やします。

一方、フルマラソンなどの長距離競技はどうでしょうか？　1歩の重みについて考えたことはありますか？

おそらく、短距離ほど1歩の重みを意識したことはないと思います。なぜなら、距離や時間の長さゆえに、1歩が次々に上書きされていくから。しかも、局面に応じてそのうち1歩くらいのロスは取り戻せるものだと考えているのではないでしょうか？

ここで疑問が湧きます。果たして、長距離における1歩は短距離のそれよりも軽視してよいものなのでしょうか？

答えはNOです。**1歩の重みは、長距離も短距離も同じ**。むしろ、エネルギーのマネジメントや酸素摂取などのさまざまな要素が絡んでくるため、フォームの効率性の追求は、タイム向上により深く影響してきます。

自己ベストは、最高の1歩の積み重ねに過ぎない

フルマラソンは、約3〜4万歩。

１００km走れば、約10万歩にも及びます。もし、**たった１歩でコンマ数秒のロスがあれば、それは確実に蓄積され、分単位のロスにつながります。逆にいえば、わずかでも１歩の効率を高めれば、自己記録を大きく更新できる可能性がある**ということです。長距離競技者も短距離競技者と同じように、フォームの精度を高めることが記録につながります。自己ベストをめぐる千里の道も**「最高の１歩」**をつくることからがスタートなのです。

フルマラソン＝約3~4万歩

月間走行距離100km＝約10万歩

理想のフォームで走る＝現在？歩

CONTENTS

PART 2
最高のフォームをつくる

PART 3 最高のフォームで走る

※本書に記載している世界・日本記録や実在選手のデータは2019年10月時点のものです。

中〜上級ランナー343人に聞きました！

ランナーはどこを意識して走っているのか？

実際に走っているとき、ランナーたちはどんなことを考えているのか？
学生アスリートやランニングコーチ、一般の市民ランナーなど、
中級レベル以上を中心とした343人のランナーたちに聞いてみた！

アンケートの対象ランナーは？

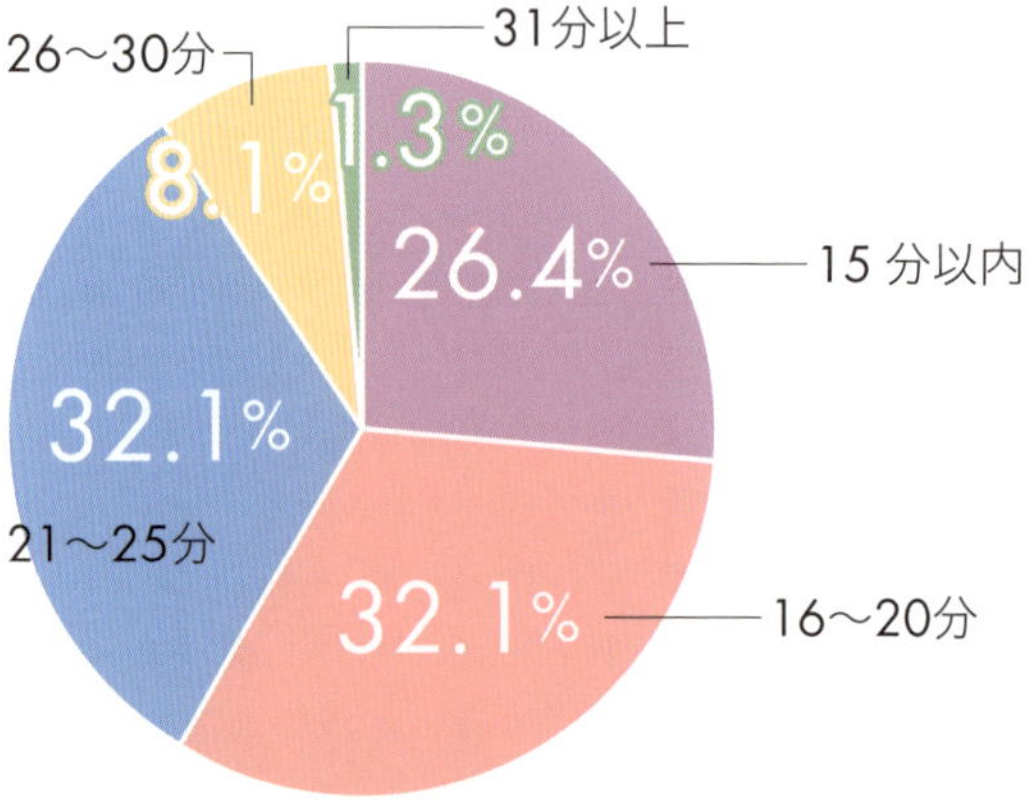

[5㎞ベストタイム]

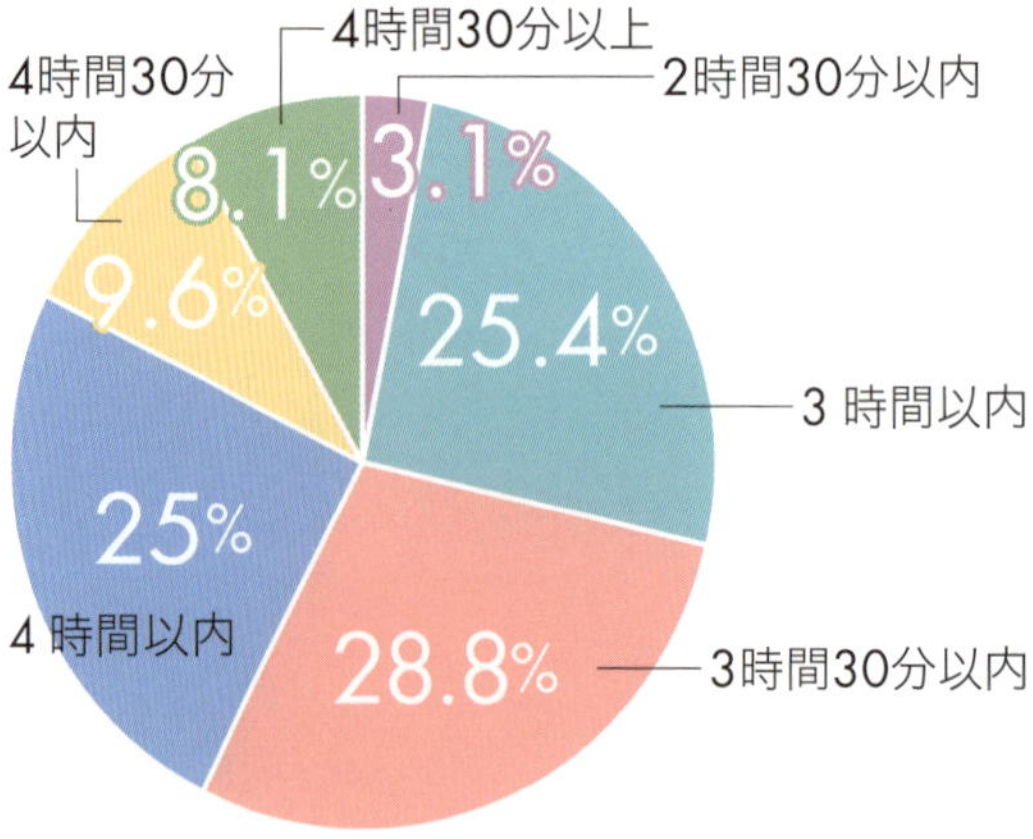

[フルマラソンベストタイム]

フルマラソンのベストタイムがサブ4以上の中〜上級ランナーたち

左図は、今回アンケートに協力してくれた約350名のランナーたちの5㎞とフルマラソンのベストタイムだ。5㎞のボリュームゾーンは16分〜25分のタイムで、ペースタイムにすると1㎞3分台前半から5分を切るペースで走るランナー。フルマラソンにおいては、3時間半を切るサブ3.5を中心とした層で、市民ランナーとしては中〜上級クラスが多いといえる。つまり、日々きちんと走る習慣があり、走ることに対して真剣に試行錯誤を行っている層が中心。そのため、悩みなどの回答は経験を通したリアルな実感と推測できるだろう。

Q フォームって重要？

ランニングにおいて
フォームは**重要**ですか？

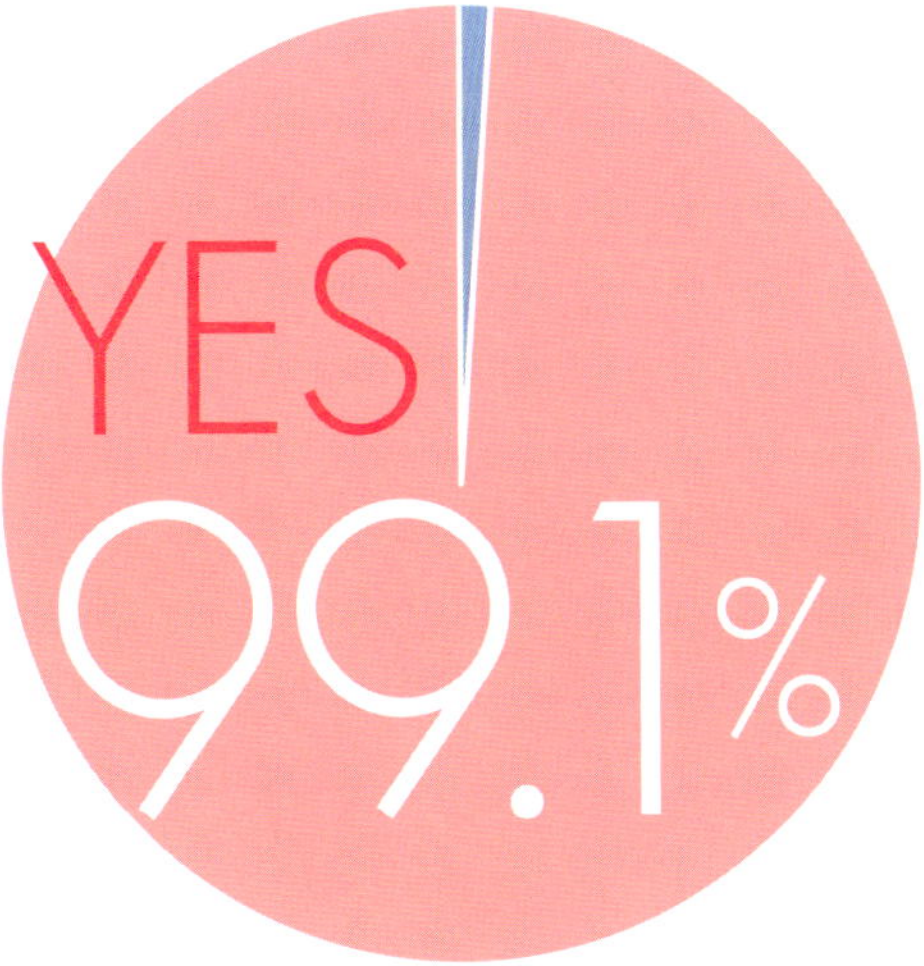

自分のフォームに
満足していますか？

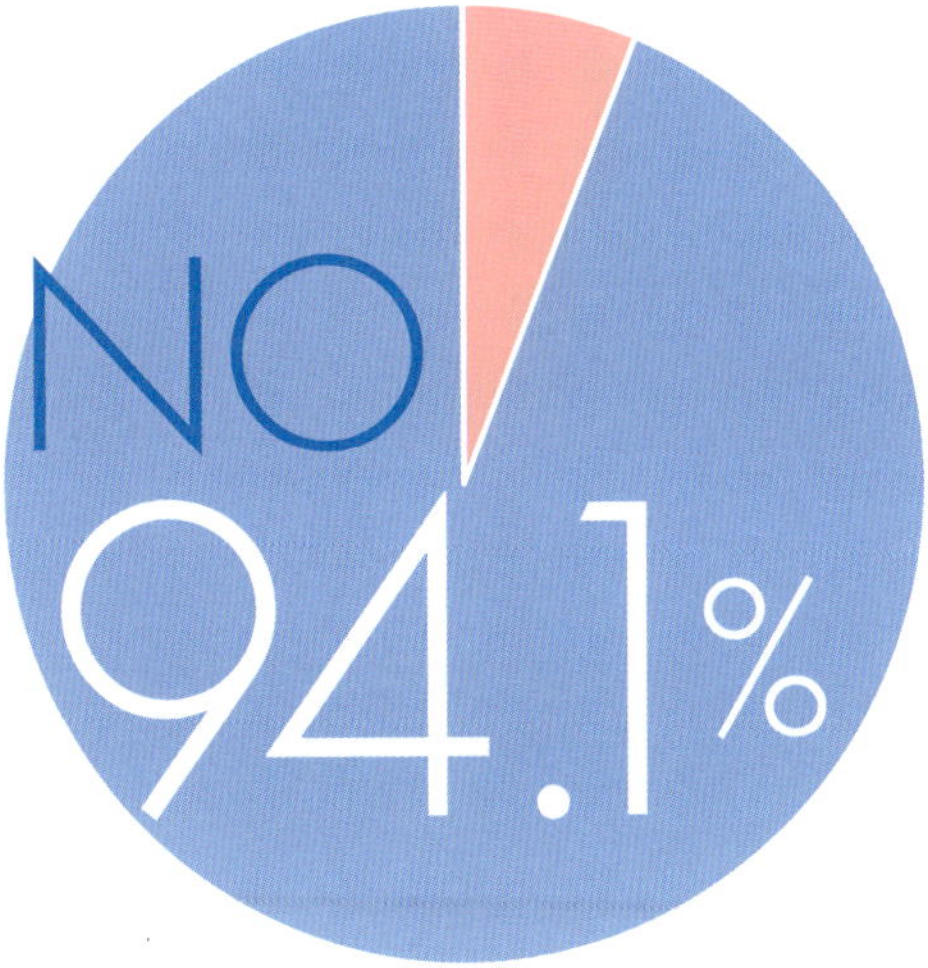

A 重要だけど、満足していない。

ほぼすべてのランナーが、「フォームは重要だ」と考えている。ところがその反面、現状の自分のフォームには「満足していない」という結果が。つまり、街で見かけるランナーのほとんどが、フォームに関してそれぞれの悩みを抱えているということになる。

Q フォームの課題、理解している？

A わかってはいるけれど……

フォームの課題を
自覚していますか？

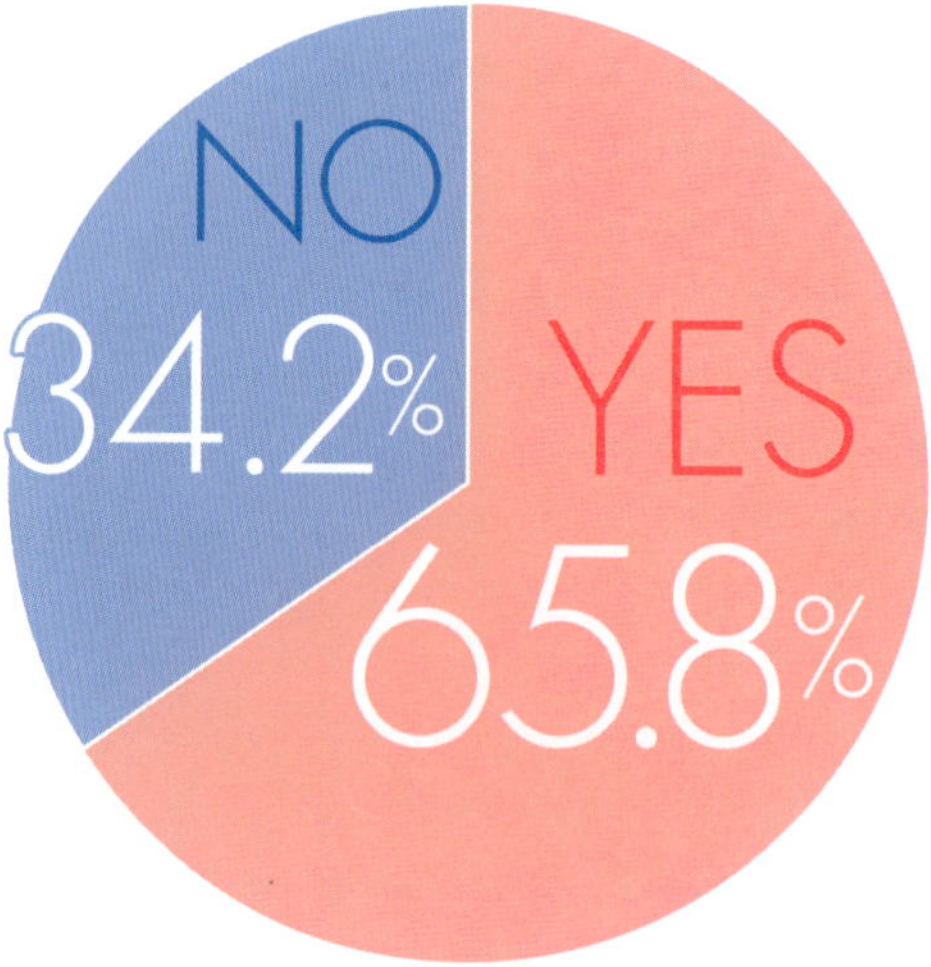

課題解決のために
具体的な**方法**で取り組んでいますか？

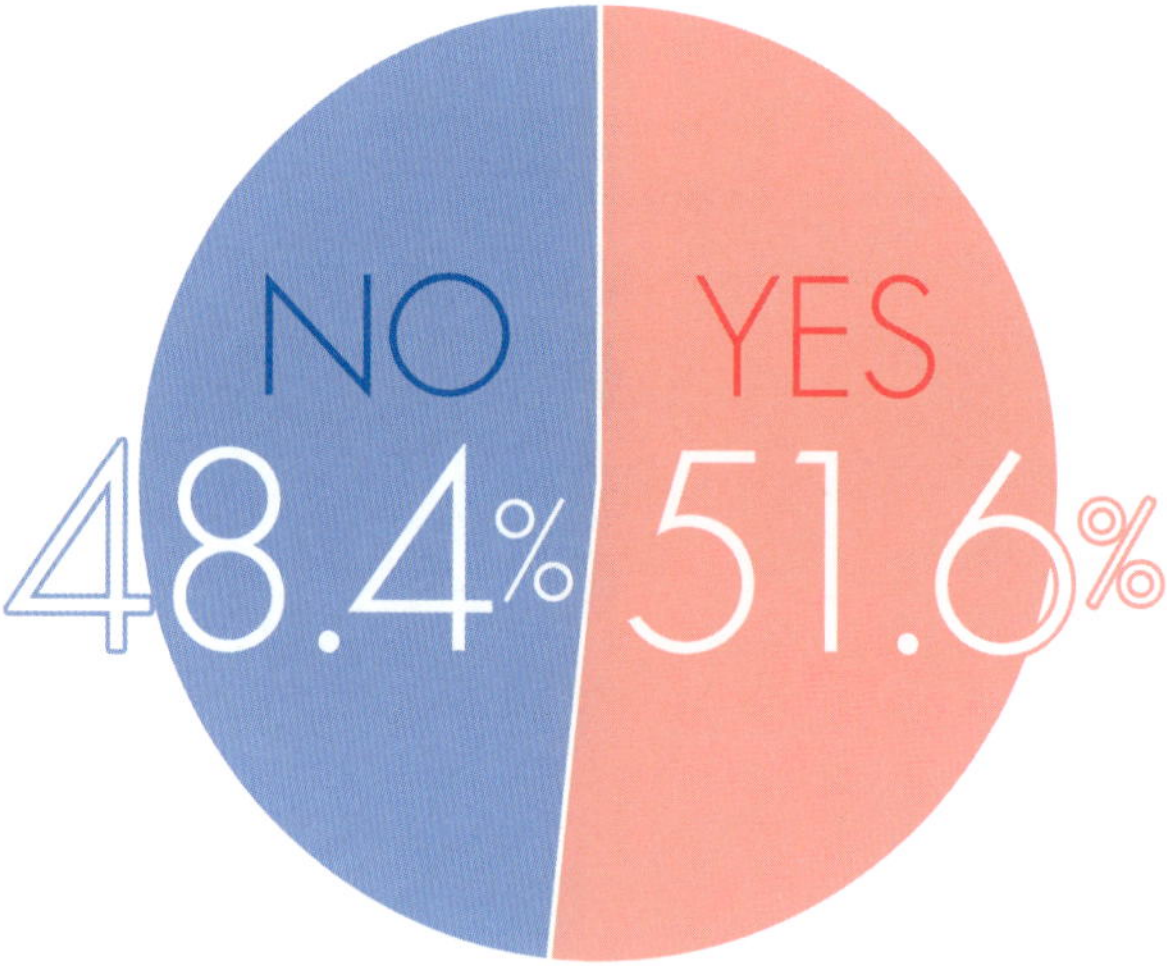

自分のフォームに関して、課題を自覚しているのは65.8%。さらに、具体的に課題解決の方法を理解して取り組んでいるランナーに至っては51.6%と、約半数のランナーは、問題があるとは思っていても、具体的な改善策を理解していないといえる結果に。

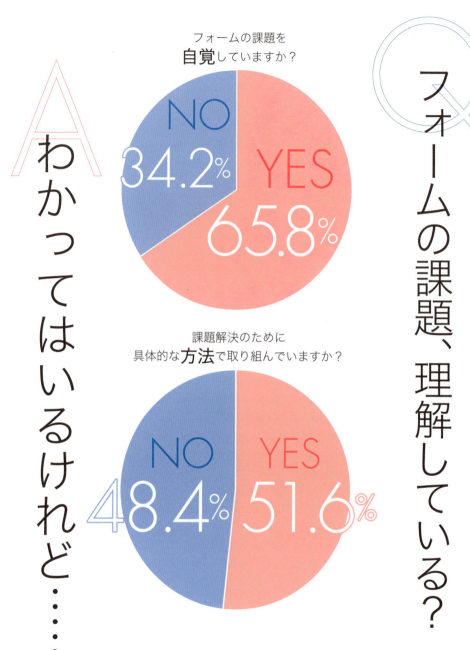

実際、どこに意識を向けて走っているの？

全身なのか？

・重心位置
重心位置、バランスなどが正しいか？　乗り込めているか？

・全身協調
全身がうまく連動しているか？

・上下動抑制
全体の動きの上下動を抑えているか？

身体感覚なのか？

・呼吸
リズム、動きとの協調性、酸素の取り込みなどが正しいか？

・疲労度
カラダが重いか？　調子がよいか？　疲労の蓄積がどれほどか？

・ペース感覚
カラダ感覚との一致度、狙ったペースの維持などはどうか？

・心拍数
狙いどおりの心拍数になっているか？

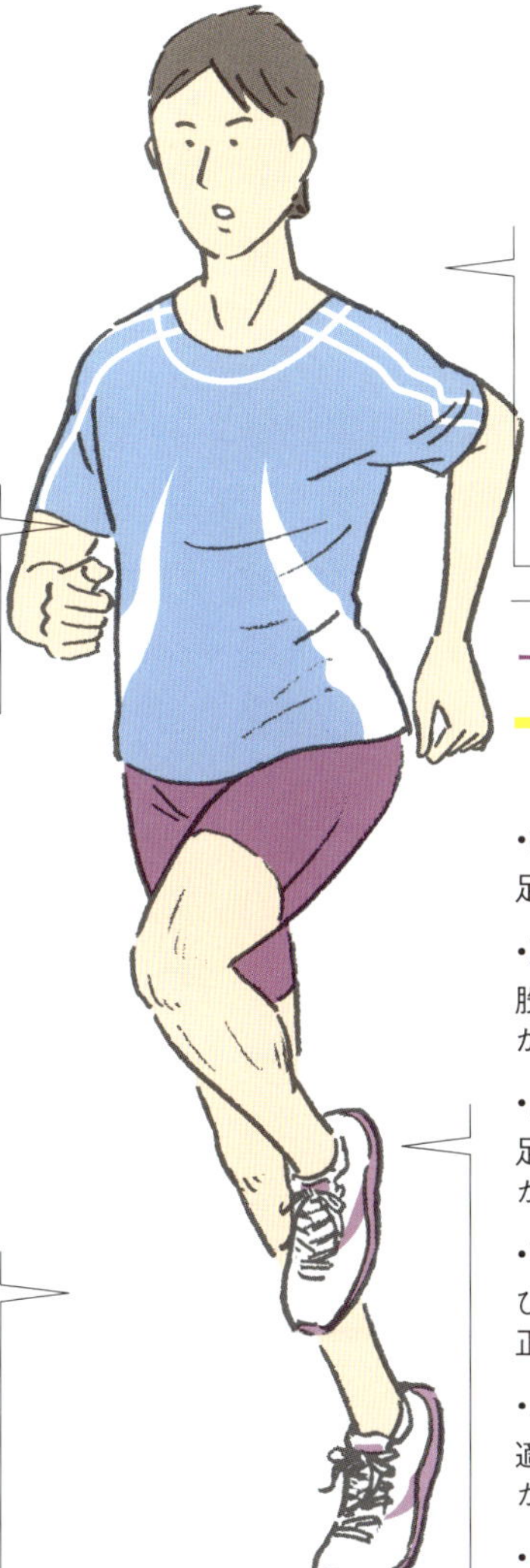

上半身なのか？

・頭部の位置
位置、バランス、角度などが正しいか？

・腕振り
どこ（手首、前腕、ひじ）を意識しているか？

・肩関節（肩甲骨）
動き、連動性などが正しいか？

・姿勢（体幹）
連動性、角度、動きなどが正しいか？

下半身なのか？

・接地
足首の動き、角度などが正しいか？

・股関節
股関節の動き、角度、位置などが正しいか？

・足関節
足首の動き、角度などが正しいか？

・ひざ関節
ひざの向き、高さ、動きなどが正しいか？

・ストライド
適正なストライドになっているか？

・ピッチ
適正なリズムになっているか？

A 1位は**姿勢**。次に**接地**。

ランナーのフォームの意識ランキング

※複数回答可で集計
(　)内は回答数

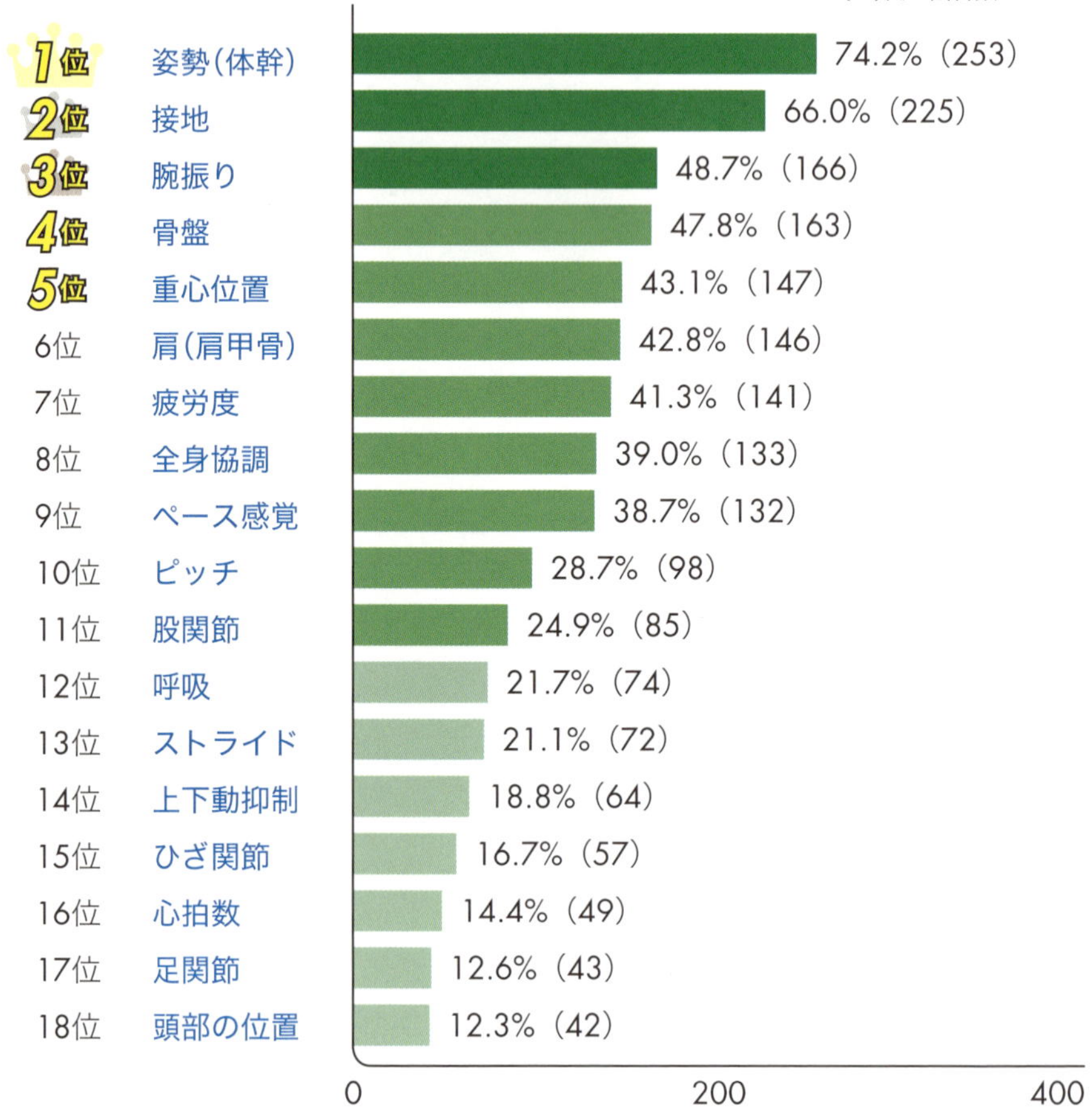

74.2%というほとんどのランナーが意識しているのは、「姿勢」。そして、動作のなかで唯一地面に接する局面「接地」への意識が高い。意外にも「腕振り」という上半身の動きを意識していることも、ランニングが全身運動であることを改めて証明している。

Q フォームの最大の悩みは？

ランナーからのフリー回答
をいくつかに分類してみた。

やはり一番多いのは「姿勢」

- 背中が反ってしまう
- 左右のバランスが悪い
- お尻が引けて腰が落ちてしまう
- 疲れると崩れてしまう
- あごが上がってしまう
- 前傾姿勢を維持できない

動きのバランスが悪い……

- 上下動が大きすぎる
- 1ヵ所意識するとほかが乱れる
- 力んでしまう
- フォームを持続できない
- 距離が長くなるほど縮こまってしまう
- 関節が硬くて動きが悪い

意外にも「腕振り」に悩んでいる！

- 肩ごと腕を振ってしまう
- 腕をまっすぐ引けない
- 横に振ってしまう
- 肩甲骨が硬くて動かない

肩甲骨と股関節の連動がわからない

意識しすぎて上下がバラバラ

上半身と下半身のタイミングがずれる

上下の連動がうまくいかない

疲れてくると連動が途切れてしまう

上下と骨盤との連動がとれない

上半身が硬くなりすぎる

右脚が内側を向いてしまう

足音が大きくてブレーキがかかる

これらの悩みの解決法がきっと見つかるはず！

接地が安定しない……

ひざが深く曲がりすぎてしまう

接地の位置が不安定

かかとで接地してしまう

ひざが痛い

遊脚の戻しが遅れがち

地面をうまく押せない

ストライドが狭い

改善点がわからない

そのほか、悩みは尽きない……

故障が左脚に集中している

お尻がうまく使えない

すねが痛くなりやすい

体重移動がうまくできない

後半にバテやすい

PART 1

最高のフォームを知る

知識

最高のフォームがつくれないと、トレーニングの意味がない!?

長距離走の「力」ってなに?

持久力やスタミナ、スピードなど長距離を速く走るための力には、さまざまな答えが存在します。現日本記録保持者である大迫傑《すぐる》選手の強さはなにか? と問われれば、「フォーム? ストライドが普通のエリート選手の1・5倍あるから? 最大酸素摂取量が80mlだから?」というようにすべての答えが漫然としています。

長距離走は、**自らのカラダを動かし、決められた距離だけカラダを速く運ぶ競技**です。体内でエネルギーをつくり、それを利用して筋肉を伸縮させ、骨と関節を動かして前に進むため、骨と関節を効率よく動かす意識が求められます。また、肺で多くの酸素を取り込んだり、血液で酸素やエネルギー源を運搬したり、さまざまな能力が必要とされます。

効率的なフォームの習得が大前提

そして、カラダをラクに長く速く運ぶためには、**「速く走る(無酸素能力)」**と**「長く走る(有酸素能力)」**の両方が求められます。しかし、これらを同時に高めることは難しいと思ってください。矛盾する領域のトレーニングになるためです。双方を高めるには**計画的に肉体改造を行う**(遺伝的な要素は除く)必要があるのです。

しかし、練習でエネルギーの代謝能力や酸素運搬能力を高め、筋力トレーニングで理想的なカラダをつくったとしても、それをパフォーマンスとして100%発揮できなければ意味がありません。つまり、**効率的なフォームがなければ、どんなにトレーニングを積んだとしても台無しにしかねない**ということ。カラダの能力を生かすも殺すもフォーム次第というわけです。

長距離走に必要な2つの能力

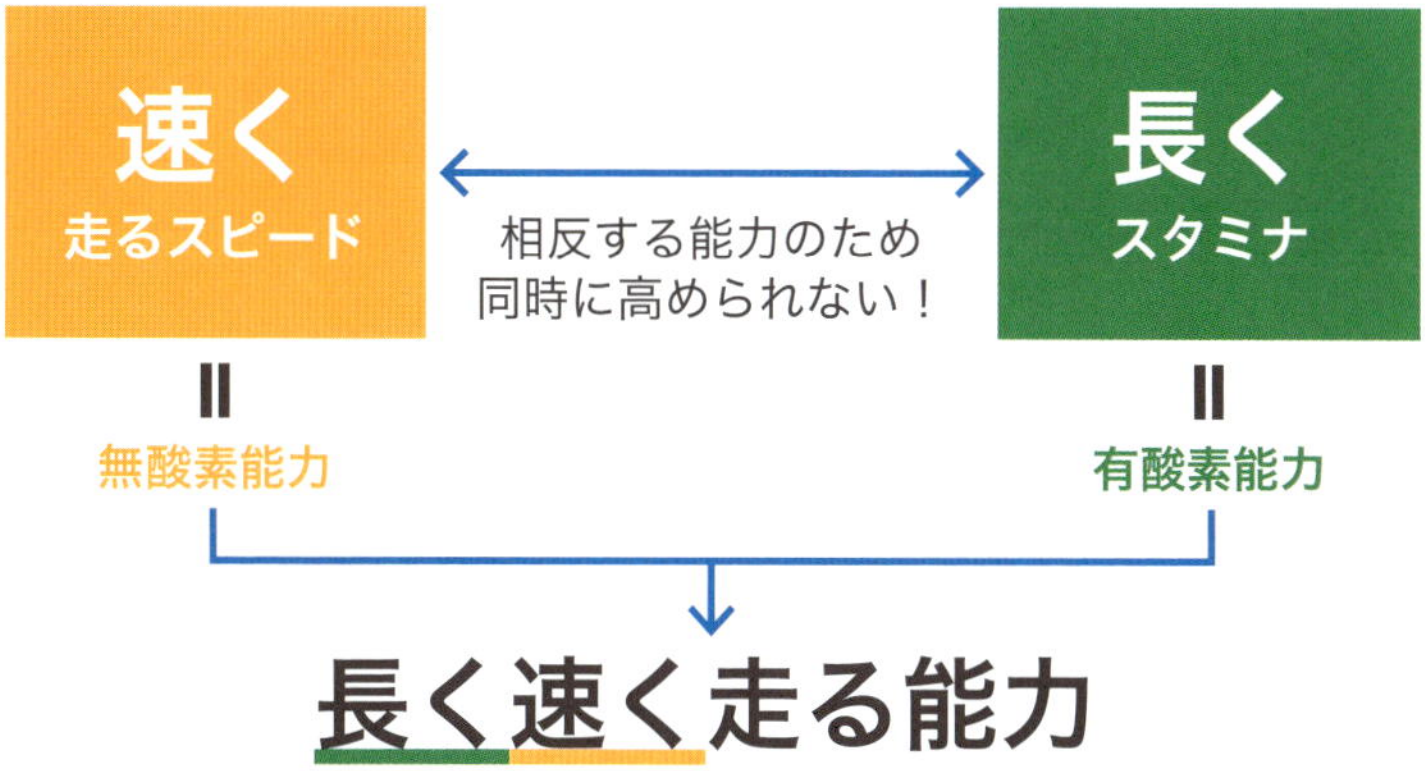

800m走を境に求められる能力の割合が変化！

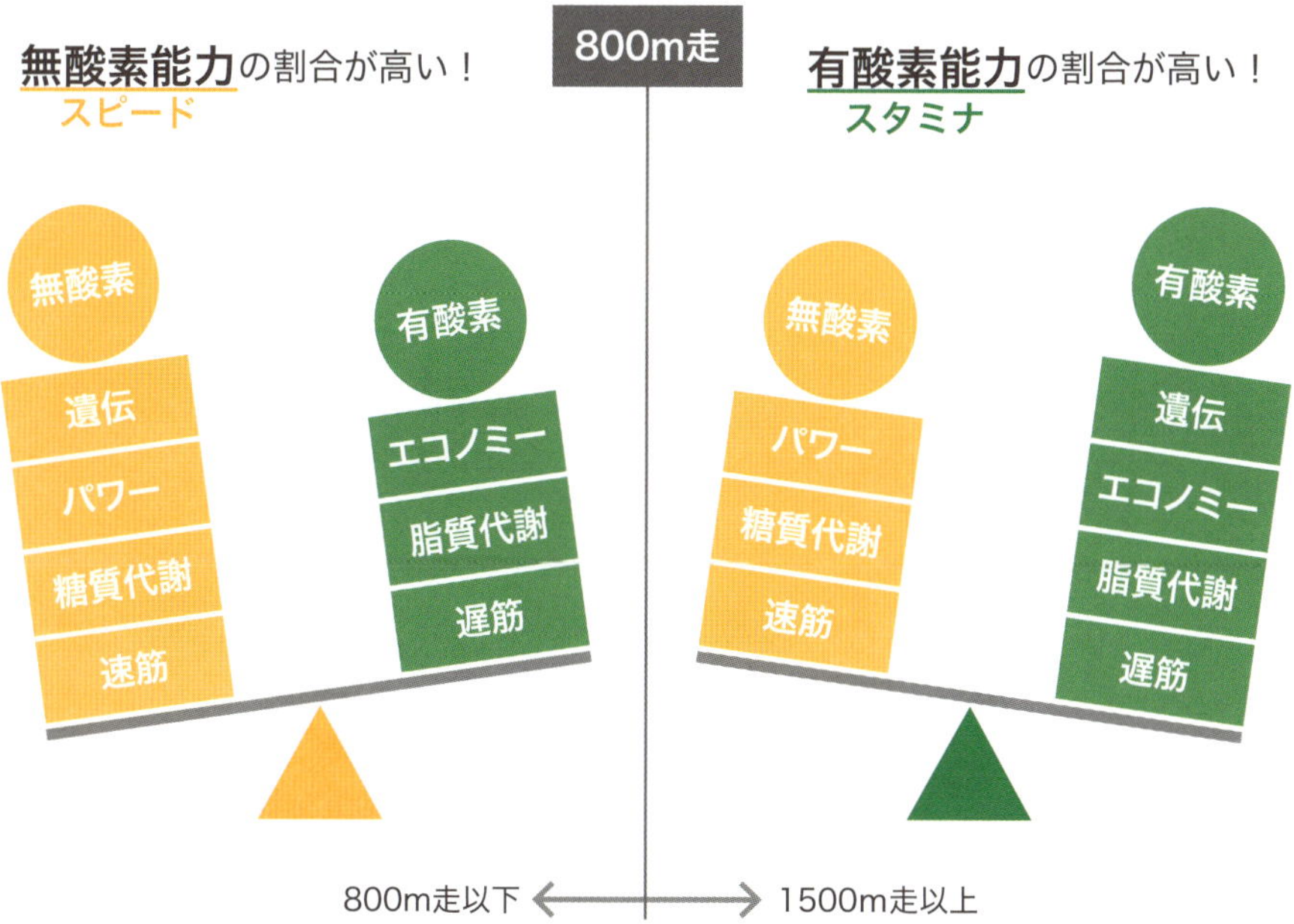

ランニングの走力を高める4つの要素

ランニングのパフォーマンスを向上させる要素は、大きく無酸素能力（スピード）と有酸素能力（スタミナ）に分けられ、それぞれがさらに「フォーム」「カラダ」、「エネルギー代謝・産生」「酸素摂取・運搬能力」の４つに分けられる。これらすべてを強化することで「より長く、より速く」走れるカラダにレベルアップしていく。

非効率なフォームはすべてを台無しに！

4つの要素のなかでも、とくに注目すべきなのが「フォーム」。エネルギーを生み出せるカラダになったとしても、その力を効率よく出力させるフォームがなければ、パフォーマンスは向上しない。さらにパフォーマンスを発揮できない状態で、ムリに走り続けると、故障やケガにつながり、走れなくなるという悪循環に陥ってしまう。

～フォームが運命の分かれ道～

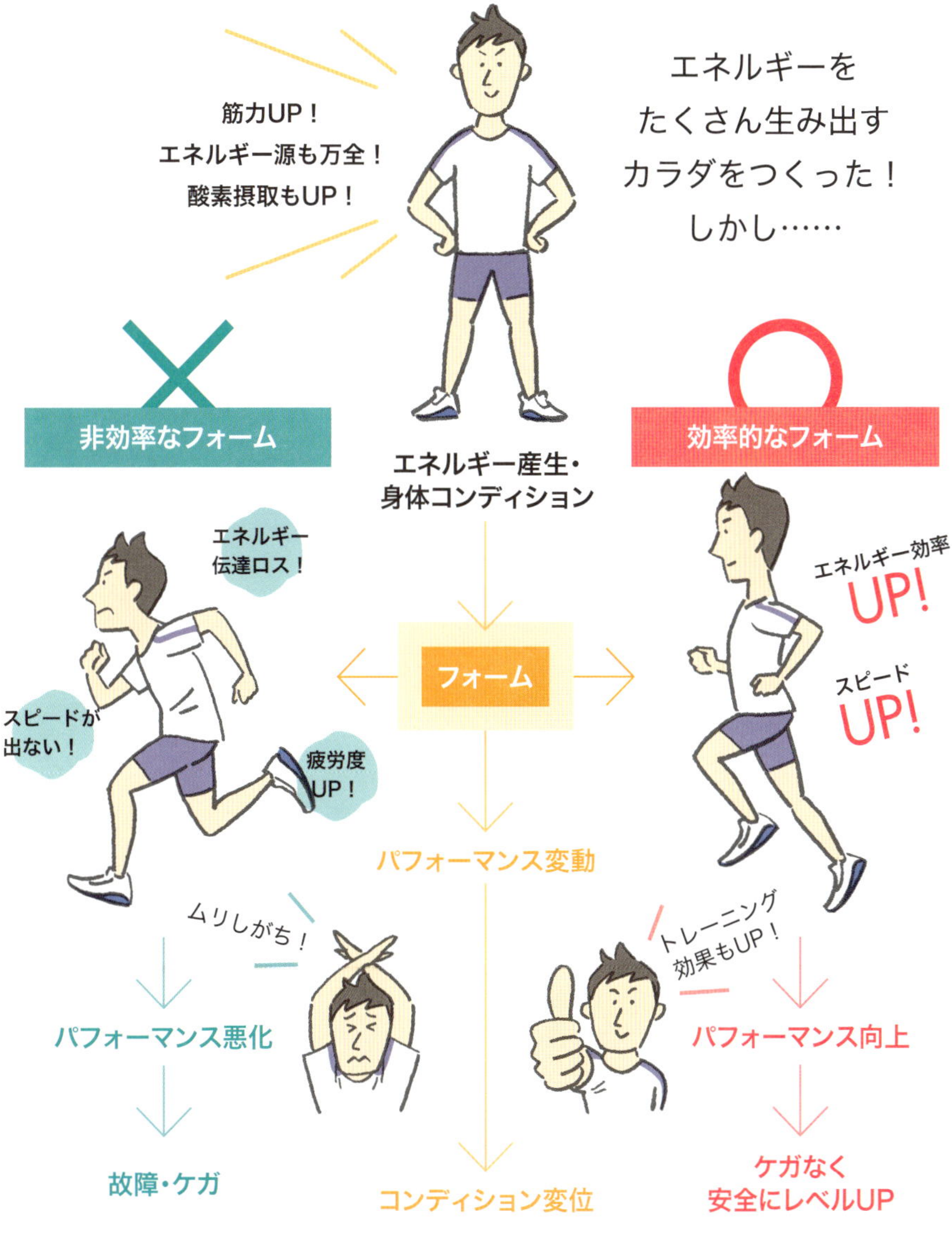

知識

一般的なフォームの常識、間違って理解していない？

フォームの常識は誤解も多い？

効率的なフォームのポイントは、すでに多くの書籍などで紹介され、なかには**一般常識的に浸透したポイント**も数多く存在します。しかし、実際のランニング動作の感覚は、とても複雑で細かく説明すると逆に伝わりづらいことも。そのため、一般の初心者ランナーでも理解できるよう**かみ砕かれて説明されている**ことが多く、実際の動きを誤解したまま実践されていることがあります。

たとえば**「着地は真下に」**という定説。これは前に着地すると、ブレーキがかかってしまうという意図から発信されたものです。しかし、これを誤解し、真下に着地しようとするあまり、自ら腰の動きに制限をかけてストライドを狭めてしまうケースが。実際、**足が地面に触れる瞬間（接地）は前**でつき、その後、軸脚に体重を乗せる（乗り込み動作）局面で真下になります。**最初から真下につくものではない**のです。

このほかにも**「骨盤は前傾させる」**という定説を信じるあまり、反り腰気味に固定させてしまうケースがありますが、実際は**前傾させない局面もあります**。前傾固定のせいで人体の構造上、脚の動きに制限がかかってしまうことも。また**「ピッチ走法は省エネ」**と思われている節がありますが、これもウソ。着地の衝撃自体は少ないですが、速く走るには筋肉の伸縮回数が増え、**多くの筋力を要します**。**「上下動は悪」**というのも、実際スピードを出すには、関節の曲げ伸ばしが必要なわけで、ひざの高さや頭の位置が一定で上下動がないように見えるだけで、実際は**ある程度上下動は必要**なのです。

まずは、このような誤解を改め、効率のよいフォームについての正しい理解が必要です。

フォームの常識の落とし穴

常識　骨盤の前傾

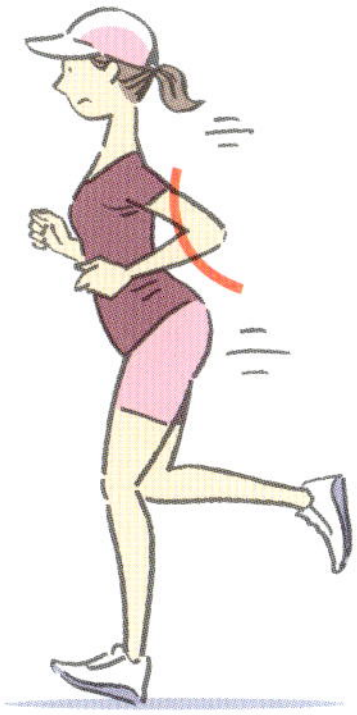

骨盤を前傾させる意識が強すぎて反り腰気味で固まる

↓

下半身の関節の可動が制限される

事実　前傾させない局面もある！

常識　真下に着地

真下に足を落とそうと意識しすぎて腰の動きが悪い

↓

ストライドを自ら狭めている

事実　接地は前、その後真下へ

常識　上下動は悪

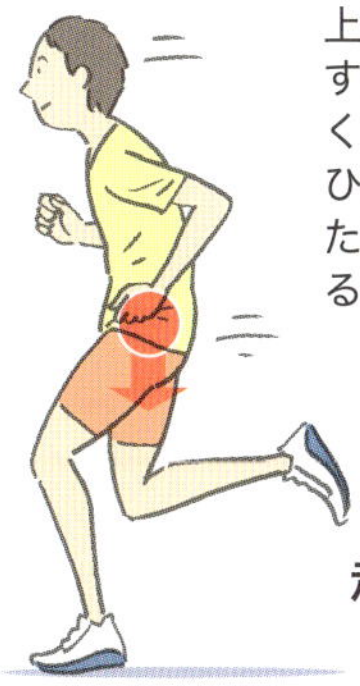

上下動をなくすには腰を低くするか、ひざを伸ばしたまま着地するしかない

↓

速く走れない

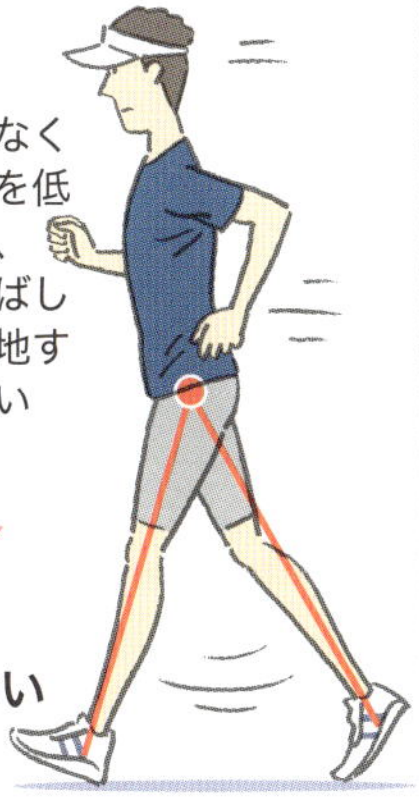

事実　上下動がないとスピードが出ない

常識　ピッチ走法は省エネ

着地の衝撃は少ないが、自然の物理法則を利用できず、筋肉のエネルギー消費が増える

↓

疲れやすい

事実　エネルギー消費が大きい

知識
「厚底VS薄底」シューズ論争の正解とは？

厚底シューズのランナーが増加

最近、ランナーたちの間で話題になっているのが、ナイキのヴェイパーフライシリーズをはじめとした**「厚底シューズ」**です。

マラソンの世界記録を更新したエリウド・キプチョゲ選手や日本記録を更新した大迫傑選手、設楽《したら》悠太選手らが履いたことで注目され、2019年の箱根駅伝でも区間賞ランナーの7割が厚底シューズを履いていたことが話題に。そのため、厚底シューズに切り替える市民ランナーが増加しました。

そして、厚底シューズに適切とされる、**つま先着地で走るフォアフット走法に切り替えようとフォームを修正するランナーが増えた**のも事実です。

シューズの選択は自由ですから、なんの問題もありませんが、シューズに合わせてフォームを急造。**足首から先を変えただけの似非《えせ》フォアフットで走ることは問題**です。強引なフォーム変更は故障につながるからです。

そもそも着地の方法は、それまでに至る動きの結果で必然的に選択されるもの。ましてや、シューズのために小手先でフォームを変えるのはナンセンスです。

「厚底か？ 薄底か？」を問う前に、まずは**自分のフォームを追求すべき**だと考えます。シューズで速くなるわけではありません。自分のカラダに適した効率のよいフォームをつくり上げ、それをサポートするのがシューズです。厚底や薄底それぞれの特性を理解したうえで、**自分のフォームに最適なシューズを選択する**ことが正解といえます。

厚底&薄底シューズ、それぞれの特徴

	デメリット	メリット	推奨する接地スタイル	代表的なシューズ
厚底	ソールに厚みがあるため、やわらかく、接地時間が長くなるほど左右ブレなどの影響を受けやすい。	つま先側もミッドソールが厚く、フォアフットでもしっかり反発が得られ、推進力がつきやすい。	フォアフット〜ミッドフット	・**ナイキ** ズームエックス ヴェイパーフライ ネクスト% ズームフライ フライニット ・**アシックス** メタライド ・**ホカオネオネ** ボンダイ5
薄底	シューズからのサポートは少なくなるため、脚そのものにしっかり力をつける必要がある。	地面の感覚を得やすく、着地時のバランスに安定感。シューズから影響される要素が少なく、走りやすい。	ミッドフット	・**アディダス** アディゼロ サブ2 アディゼロ タクミ セン5 ・**ニューバランス** HANZO V2 ・**アシックス** ソーティジャパン

「最高の走り方」の基本
～フォームのメカニズム分析～

P16「ランナーのフォームの意識ランキング」
ベスト5を解説！

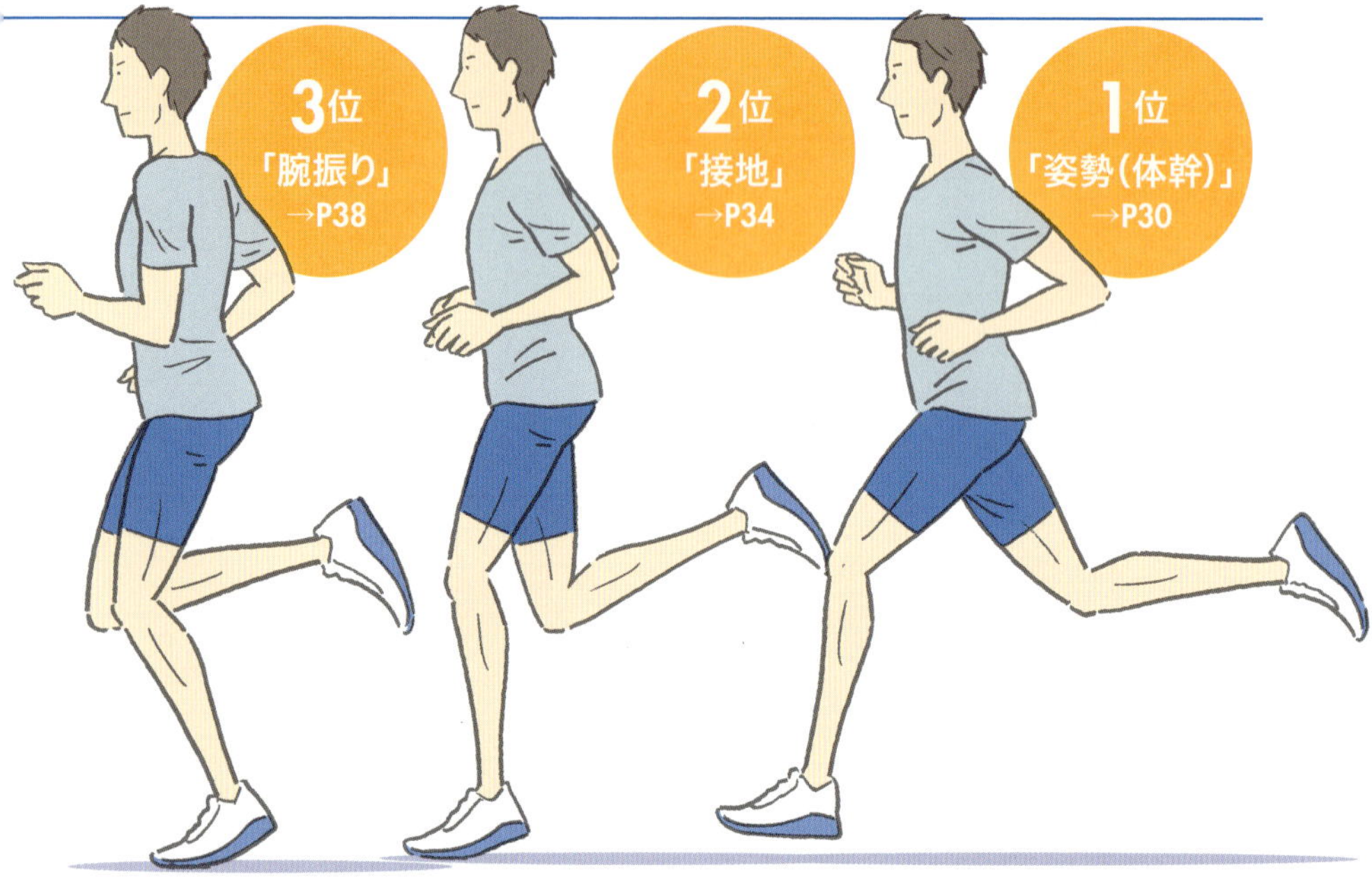

最高の走り方のメカニズムを知ろう！

実は、アスリートレベルであっても、効率のよいフォームを理論的に正しく理解しているランナーは多くありません。実際に走るときには、感覚はもちろん重要ですが、フォームのメカニズムを理解したうえでないと、正しい感覚は得られません。

そこで、P12のアンケートにおいて、**ランナーがフォームのなかでとくに意識している**と回答した**上位5つの要素**と、**全体の動き**をまとめた**「フォームのメカニズム」**を解説。**客観的なフォームの理論**と、それをいかに実際の走りに落とし込むかという**主観的な感覚イメージ**を得

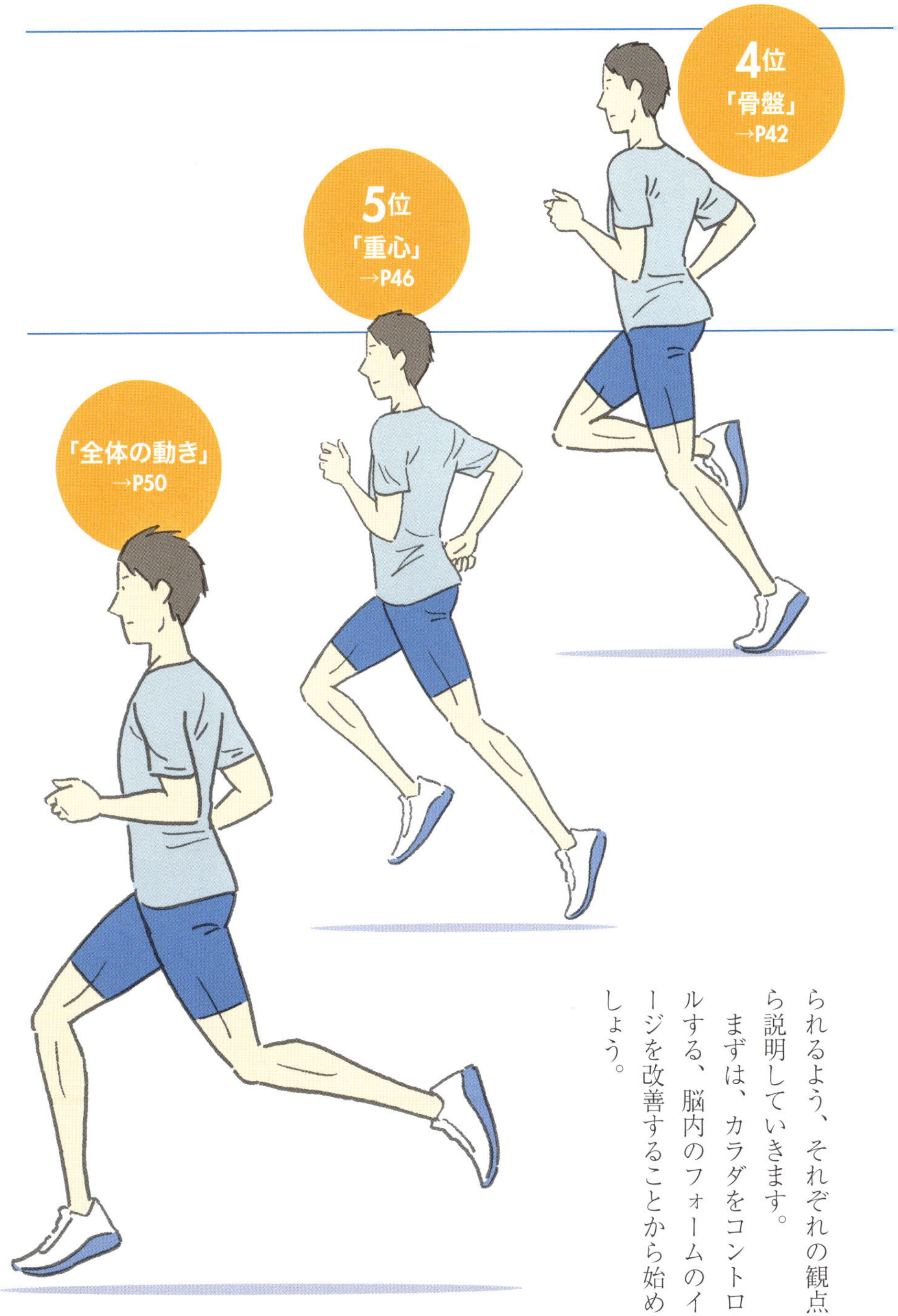

られるよう、それぞれの観点から説明していきます。
まずは、カラダをコントロールする、脳内のフォームのイメージを改善することから始めましょう。

ランナーのフォームの
意識ランキング

1位
［74.2%］

姿勢（体幹）

主な悩み

・腰が落ちてしまう
・猫背になってしまう
・前傾姿勢が維持できない

立てなければ、歩けない、走れない！

アンケートで1位にランクされたように、ランニングのフォームにおいて、ランナーが最も意識しているのは**「姿勢」**です。正しい基本姿勢をつくれなければ、どんなにフォーム修正のドリルを行っても、改善することは難しいでしょう。姿勢は、基本中の基本なのです。

「正しい姿勢」と聞くと、背すじをピンと伸ばして「気を付け」をするようなイメージを抱く人もいますが、実際はそこまで力を入れる必要はありません。かといって力を抜きすぎるわけでもなく、適度な筋の緊張を保ちながら**自然にまっすぐ立つ**ことをイメージします。

よく背中や腰に力が入って腰が反ってしまう場合がありますが、過度な湾曲はＮＧ。**背すじをまっすぐ**に伸ばし、**お腹の腹圧を高めて**前後のバランスを均等にするように立ちます。そして、まっすぐ**伸ばした上半身に頭を乗せる**ようにし、骨盤は前傾でも後傾でもなく、まっすぐ立たせます。骨盤を難しく考える人もいますが、かかとで支える感覚を持ち、背すじを伸ばして腹圧を抜かずに両脇腹と脚で立てば、自然と骨盤が立つので意識はいりません。

その姿勢を基本に、歩く、そして走る動作に移行させていきますが、とくに前傾姿勢をとろうなどと考える必要もありません。腕を振る、後ろ脚で地面を押すといった正しい動きに合わせれば、自然な前傾姿勢に変化します。つまり、姿勢は前後左右に偏らず、**ニュートラルの状態であれば、走動作に正しく対応できるわけ**です。

日常生活からこの姿勢を意識し、普段歩くときもこの姿勢から腕を引いて脚を出し、地面を押すことで自然に胴体がねじれる感覚を養いましょう。

基本姿勢は日常から整える！

基本姿勢は無意識でも正しい姿勢となるよう、日常生活から意識して整えることが大切！

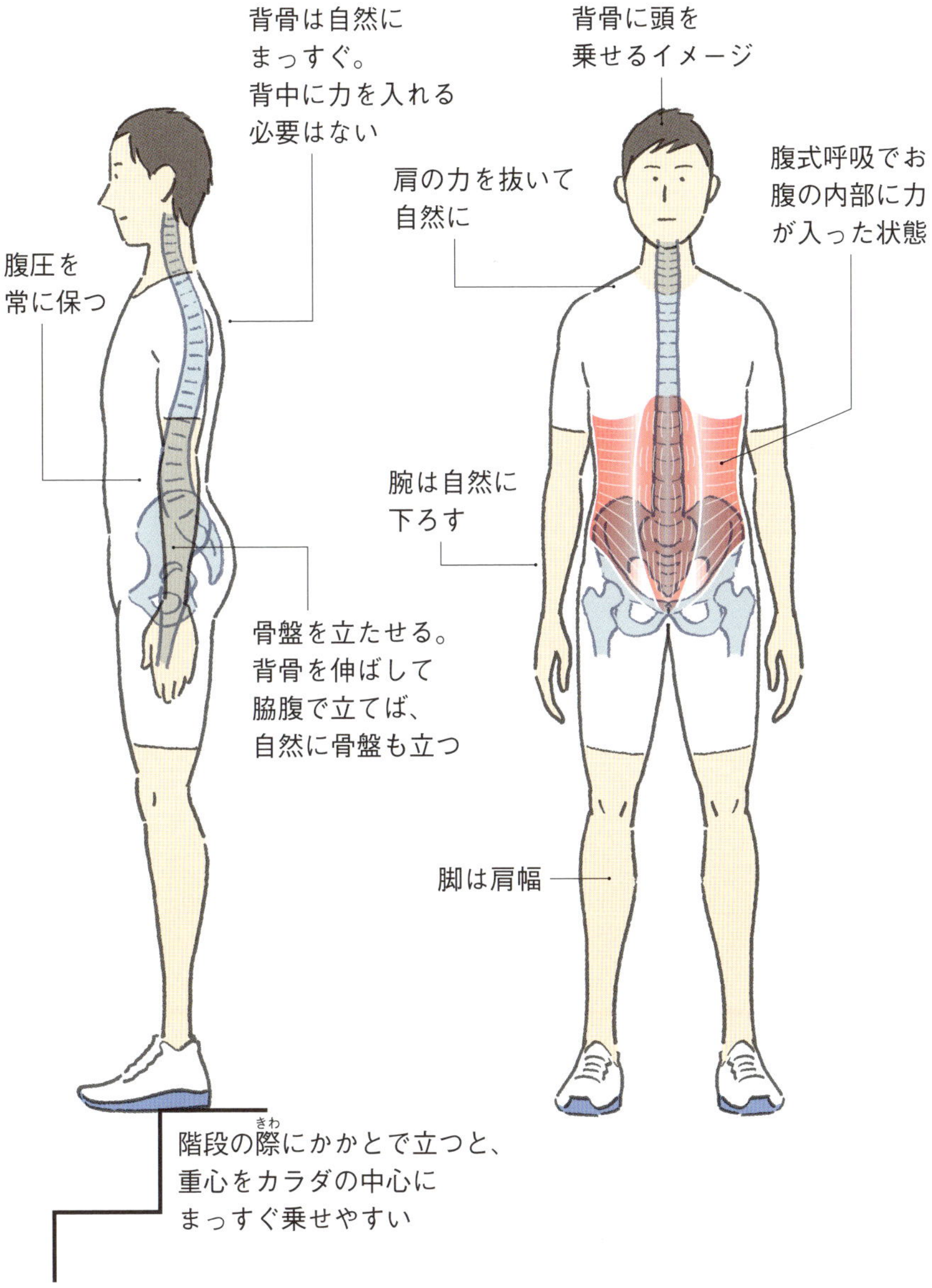

「歩き」で「姿勢」の感覚をつかむ！

基本姿勢をつくったら、まずは歩行動作のなかで姿勢の感覚を身につけよう。日常の歩行のときもこの感覚を意識することが大切！

1

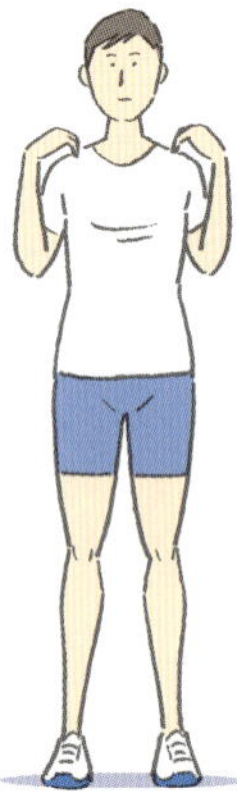

基本姿勢のまま両手の指先を肩に当てる

2

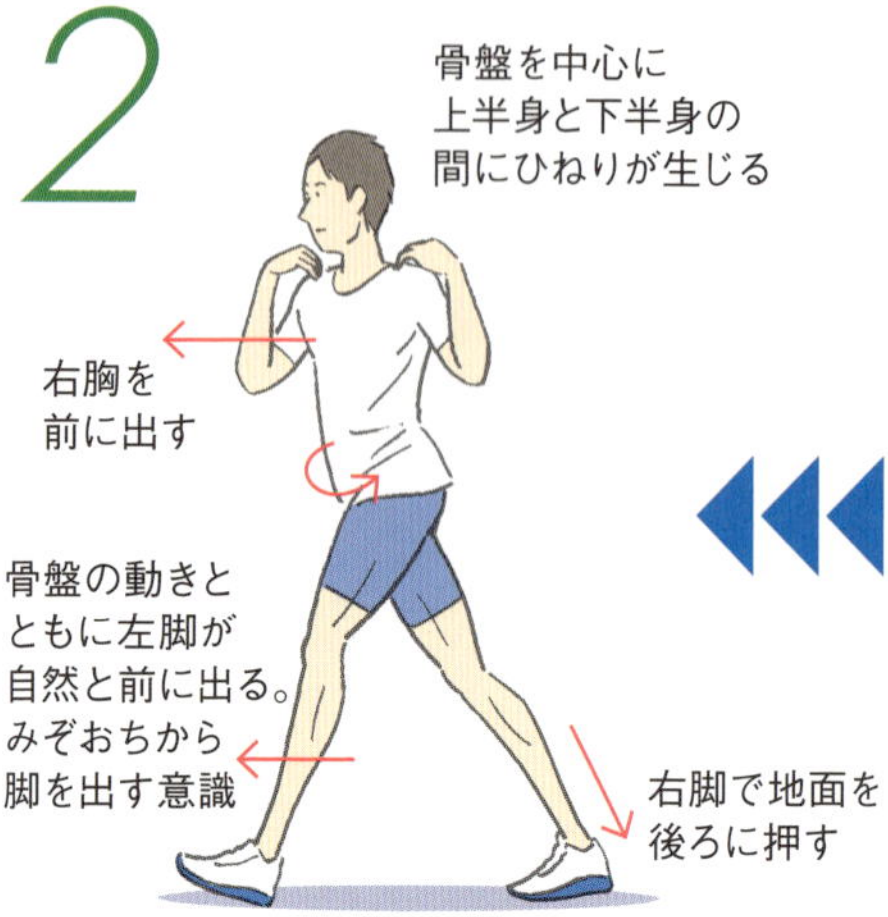
骨盤を中心に
上半身と下半身の
間にひねりが生じる
右胸を
前に出す
骨盤の動きと
ともに左脚が
自然と前に出る。
みぞおちから
脚を出す意識
右脚で地面を
後ろに押す

後ろ脚で地面を後ろに押しながら、同側の胸を前に出す

3

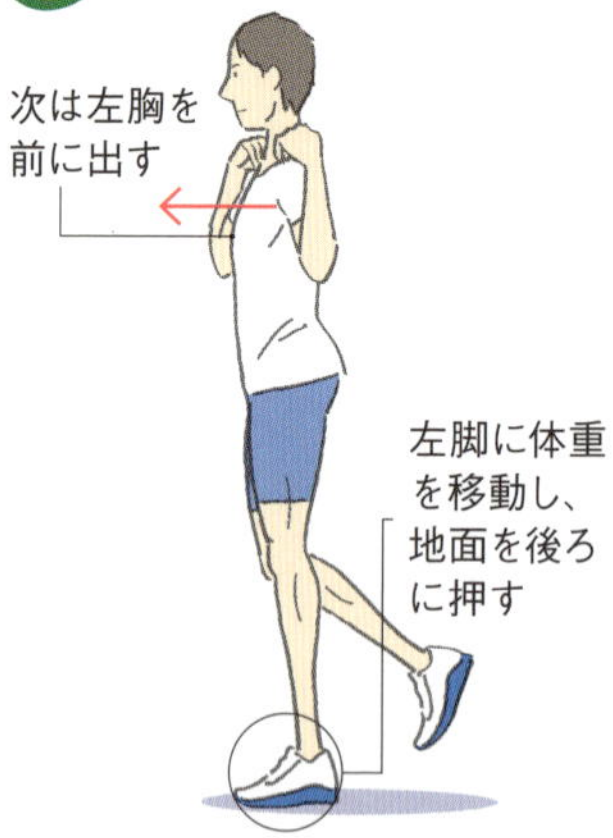
次は左胸を
前に出す
左脚に体重
を移動し、
地面を後ろ
に押す

前脚に体重を移動させ、その荷重を利用して地面を後ろに押す

「地面を後ろに押す」

「同側の胸を前に出す」

この感覚を普段の歩行でも意識しておこう！

「走りの姿勢」につなげる！

ウォーキングで動きと姿勢の感覚を一致させ、その感覚のまま「走りの姿勢」につなげてみよう！

1 走る前にウォーキングで「感覚」と「動き」を一致させる

無意識でできるまで調整を続ける

イメージしながら動きの感覚を確かめる

2 その感覚のまま「走り」に移行する

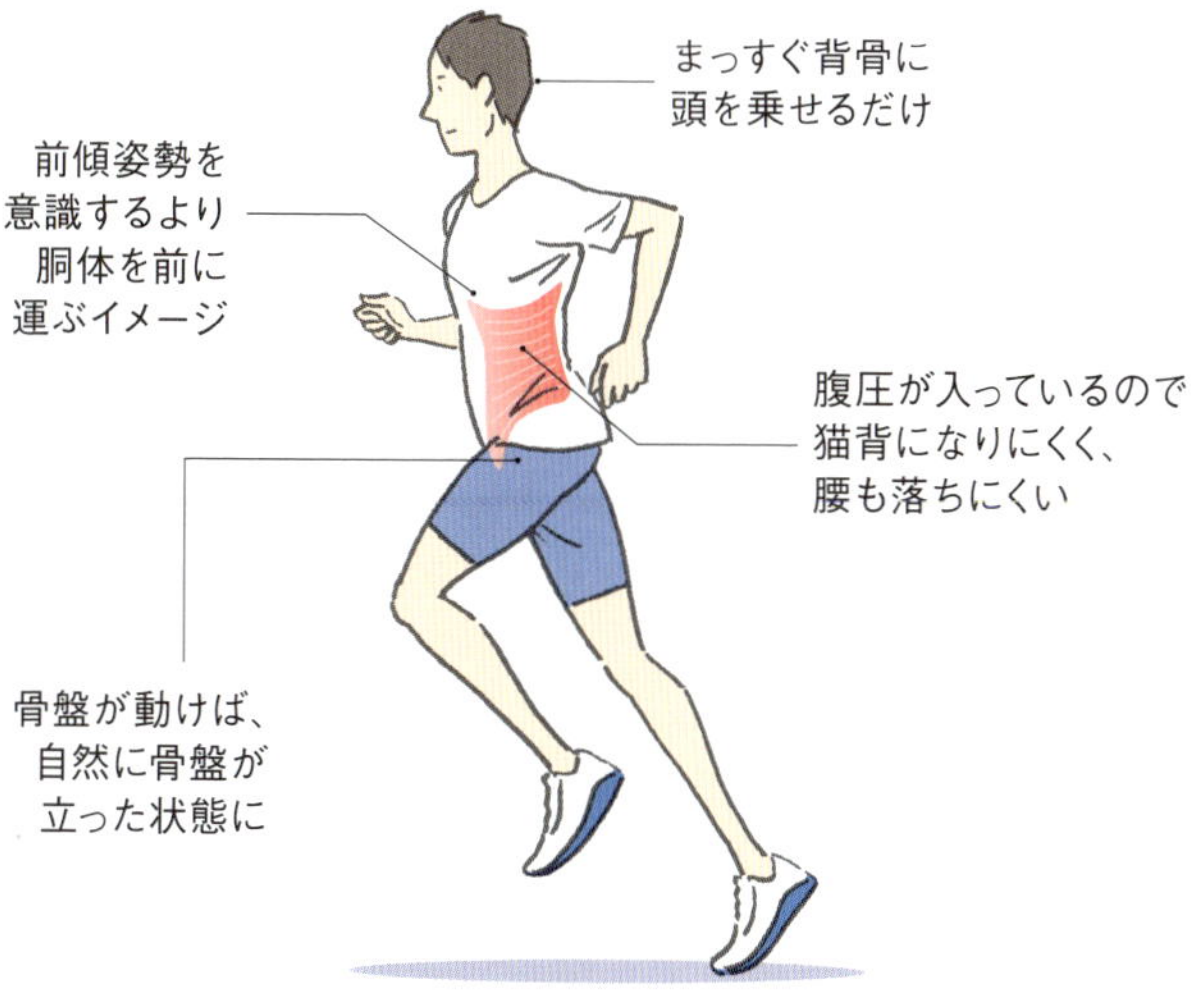

ランナーのフォームの
意識ランキング
2位
[66.0%]

接地

主な悩み

・接地が不安定になる
・ブレーキがかかる
・接地の位置を改善したい

「接地」と聞くと、「着地」と一緒のイメージを持つランナーが多いと思いますが、実は地面に着いている「着地」の局面は、地面に足が触れる瞬間の**「接地」**と、軸脚に体重を乗せて力をためる瞬間の**「乗り込み」**の2つに分けられます。その後、地面を離れる瞬間まで、下半身の関節を伸ばしながら地面を押す局面があるのですが、乗り込み以降の動作についてはP46の「重心」の項目で解説するので、ここでは「接地」に限定します。

接地は重心の位置に関係する？

接地は、主に3つの方法に分類されます。かかとで接地する**「ヒールストライク」**、足裏全体で接地する**「ミッドフット」**、前足部で接地する**「フォアフット」**の3種です。このほか、接地だけフォアで、かかとがわずかに浮き、足裏の半分程度が地面に着いている**「フォアミッド」**のような中間的な接地法もあります。

接地法は、足首から先のコントロールではなく、ランニングの動きのどのタイミングで接地するか、厳密には**重心との位置関係と距離間で決まります**。脚を前に伸ばした瞬間は、カラダの重心が後ろに離れている状態。そのタイミングで接地すれば、必然的にかかとで接地することになります。それよりも少し前に重心が進んだタイミングで接地すると中足部で接地することになり、さらに前に進んでほぼ足が真下にくるタイミングで接地すると前足部で接地することになります。

そのため、スピードの遅いランナーほど滞空時間が短く、脚を前に出してすぐに接地するのでヒールストライクになりやすく、滞空時間の長いスピードランナーほど重心が前に進んだタイミングで接地するのでフォアに近づくというわけです。

厳密には着地は「接地」と「乗り込み」に分けられる！

地面に触れる瞬間と体重を乗せる局面はイコールではない！

「前」で接地、「真下」で乗り込みが基本！

地面に触れる瞬間が「接地」

脚を前に振り出し、空中姿勢から地面に足が触れる瞬間を「接地」という。この瞬間は、カラダの真下ではなく前に足があり、すねの脛骨（けいこつ）は足よりも後方にある。

体重を乗せる瞬間が「乗り込み」

接地の直後に重心が前に移動してきて、ちょうどカラダの真下にくるタイミングでカラダを沈み込ませ体重を乗せる動作。足首は背屈し、脛骨は足より前になる。

「乗り込み」
→P47

足が真下にくるのは乗り込みのとき！

― 3つの接地法は重心との距離が関係する！ ―

フォアフット、ミッドフット、ヒールストライクは、それぞれ接地時の重心がどこにあるかで自然選択となり、接地時間や滞空時間の長さも関係してくる！

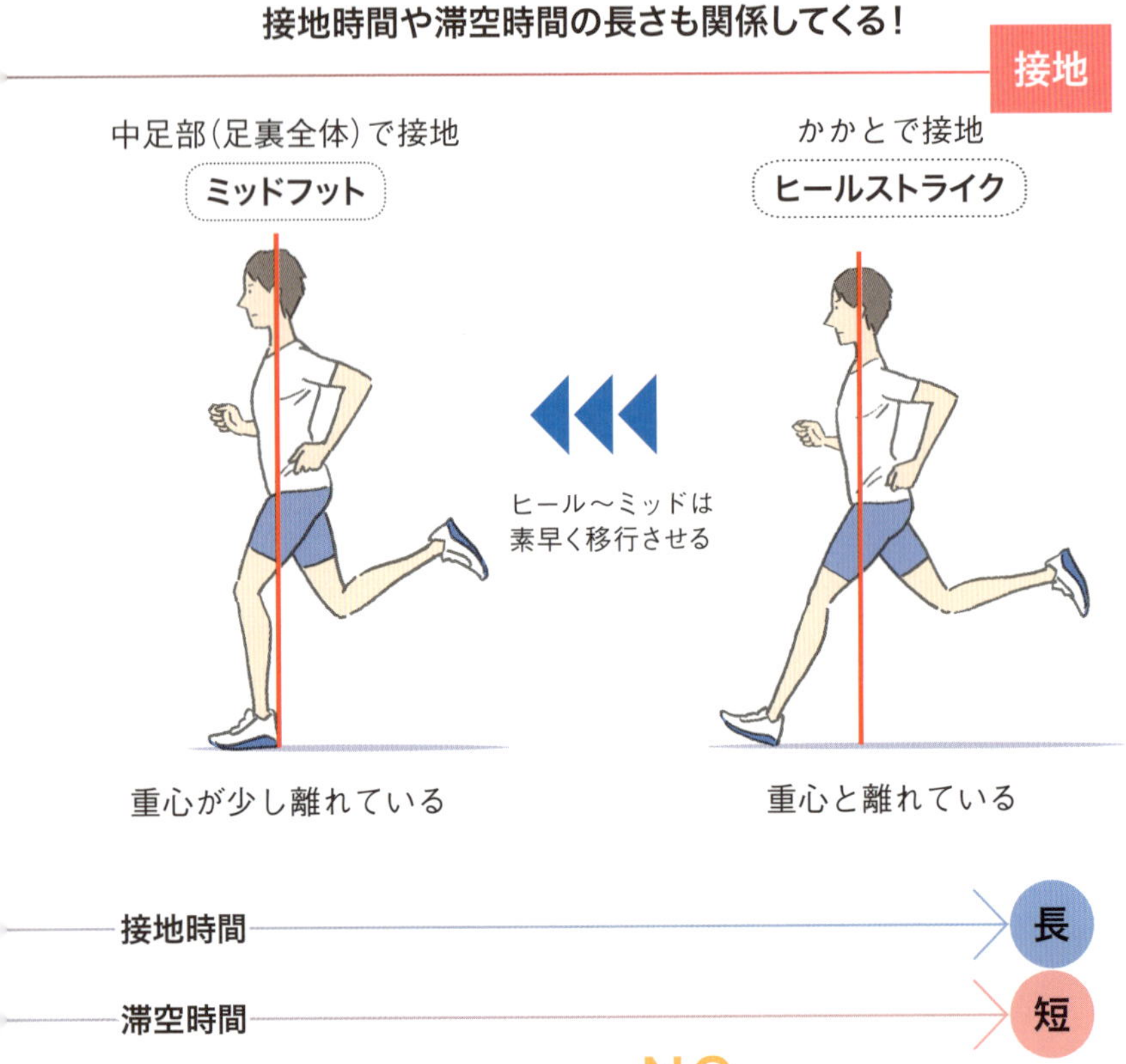

適正シューズタイプの目安

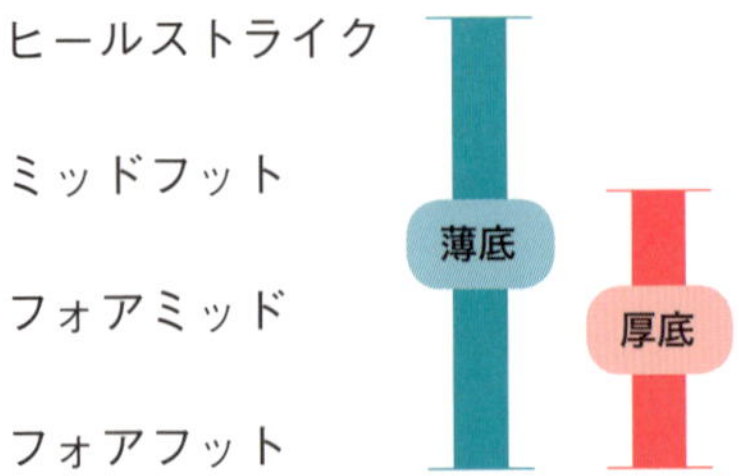

厚底シューズは、中足部から前足部にかけて反るように角度がついており、フォアフット寄りの接地に適した形状をしている。薄底はミッドが適正だが、どの接地法でも対応はできる。

接地法は接地から離地までの動きのなかで、どのタイミングで接地するかの違いにすぎない！

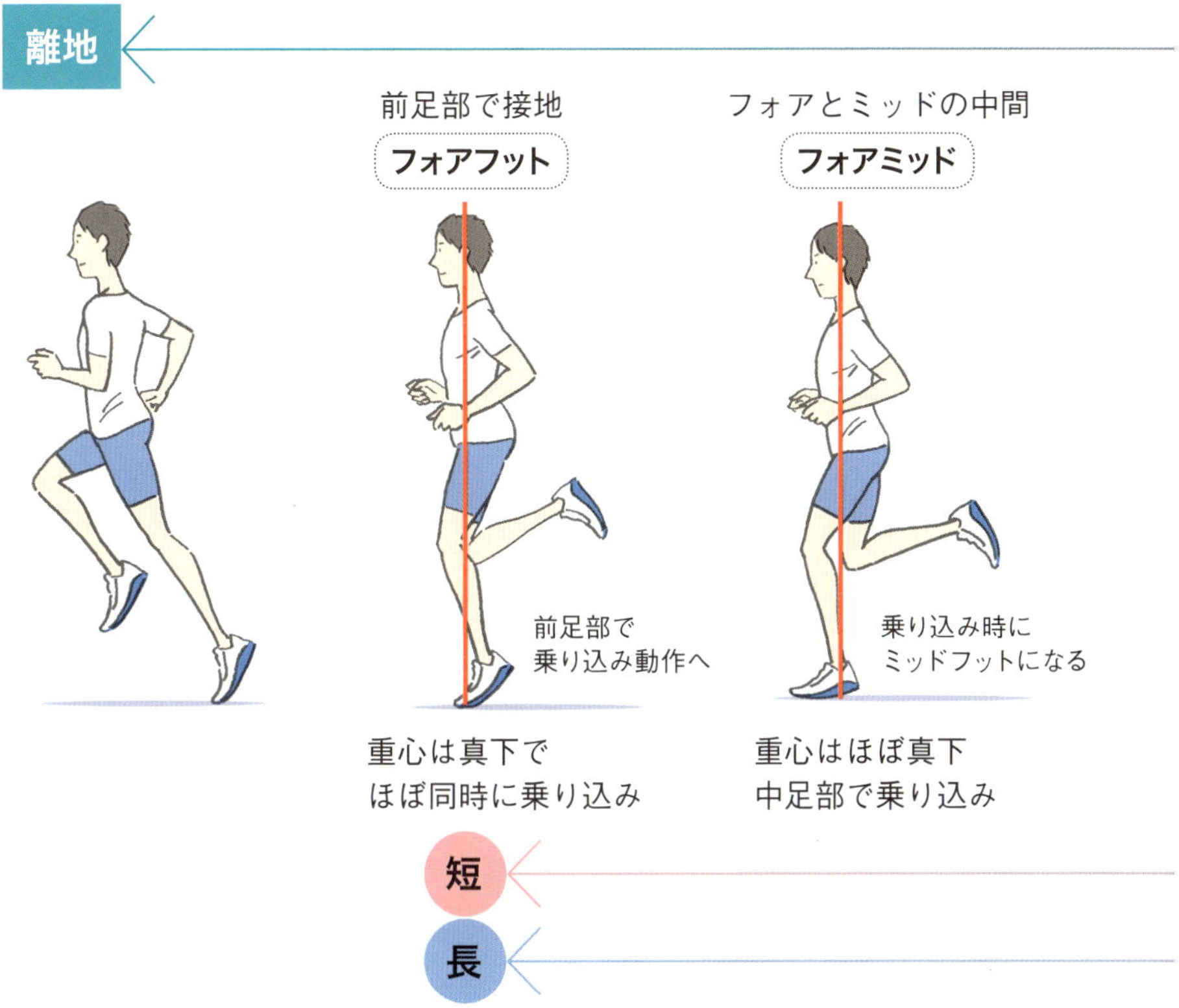

動きのなかで自然と接地が決まる

上図のように、接地から地面を離れる「離地」までの動き自体は、基本的に同じ経過をたどりますが、どのタイミングで接地するかによって、重心と接地足との距離が変わり、それによって接地方法も決まってきます。

重心と離れていればヒールストライクになり、接地と乗り込みがほぼ同時になるフォアフットは、重心の真下付近での接地になります。つまり、**接地は足先でコントロールするのではなく、動きのなかで自然に決まる**もの。

一番いけないのは、重心が遅れているのに、強引にフォアフットで接地しようとすること。すねの筋肉に大きな負担がかかり、故障につながります。

ランナーのフォームの意識ランキング

3位

［48.7%］

腕振り

主な悩み

・横に振ってしまう
・力んでしまう
・まっすぐ引けない

姿勢、接地に続き、ランナーがとくに意識しているのが**「腕振り」**という結果を意外に感じている方も多いのではないでしょうか？

しかし、この結果は、ランニングが**全身運動**であり、**上下連動の重要性**を改めて証明していると思います。

中心軸のねじれの力で脚を助ける

腕振りの目的は、**「カラダの軸を中心に効率よく胴体をねじること」**にあります。カラダの軸、すなわち背骨を中心として上半身をひねり、その**回旋力を骨盤に伝えて、脚を動かす力に加えて**いきます。

そのため、より軸の中心に近い部分をしっかりねじれないと腕振りの効果が落ちてしまうのです。

よくあるのが、肩ごと振ったり、腕を横に振ったりしてしまうケース。肩ごと振ると、肩甲骨の動きが悪くなり、中心の回旋が弱くなってしまいます。また、横振りは腕をカラダの前面で操作することになるので、前に進もうとしているカラダのベクトルを遮ることになり、推進力が落ちてしまいます。

正しい腕振りは、**胸骨からひじを後ろにまっすぐ引く**こと。実際は後ろで少し開き気味になるので斜めの軌道になりますが、イメージとしてはまっすぐでＯＫ。肩の力を抜き、**振り子の原理**で腕を下ろしひじが体幹を通過する瞬間だけ力を加えるようなリラックス感が大切です。

基本姿勢（Ｐ30）を維持し、肩甲骨が動くほど腕を前後に振って**カラダが背骨を中心に前後にねじれる感覚**がベストです。なかには腕を下ろしてひじを伸ばした状態で振るランナーもいますが、慣性の問題で、長く大きいものは動かしにくいということがあるので、ひじを曲げて振ったほうがエネルギーの消費も抑えられます。

腕振りの目的はカラダの中心にねじれの力を加えること！

カラダの中心（背骨）を効率よく回旋させる！

腕振りの目的は、カラダの中心軸が回旋する力を骨盤に伝え、脚を動かす力に加えていくことにある！

できるだけ中心に近い部分でねじれが生じるイメージ

中心軸の回旋力を効率よく生み出すためには、カラダの中心に近いところで前後のねじれが生じるように腕を振ること。ひじを後ろにまっすぐ引くとよい。

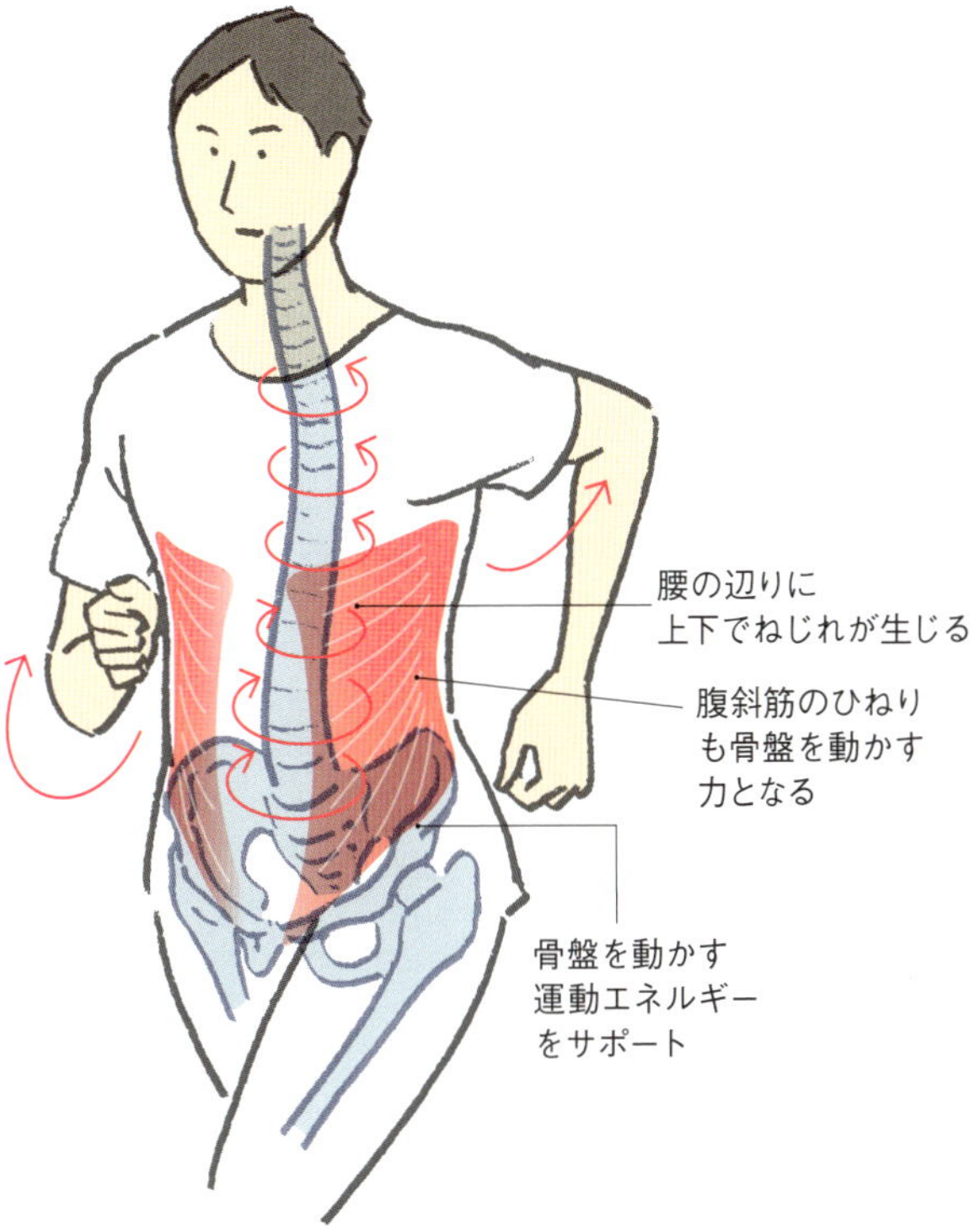

腰の辺りに
上下でねじれが生じる
腹斜筋のひねりも骨盤を動かす力となる
骨盤を動かす運動エネルギーをサポート

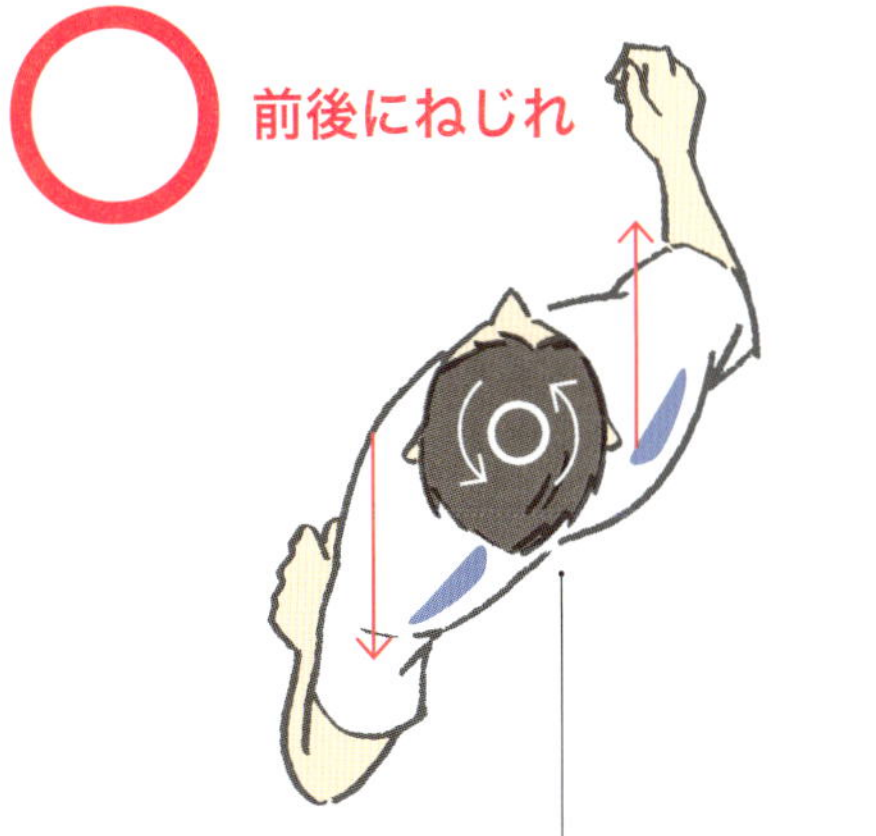

前後にねじれ

肩甲骨が動くほど前後にねじれると中心の回旋が強くなる

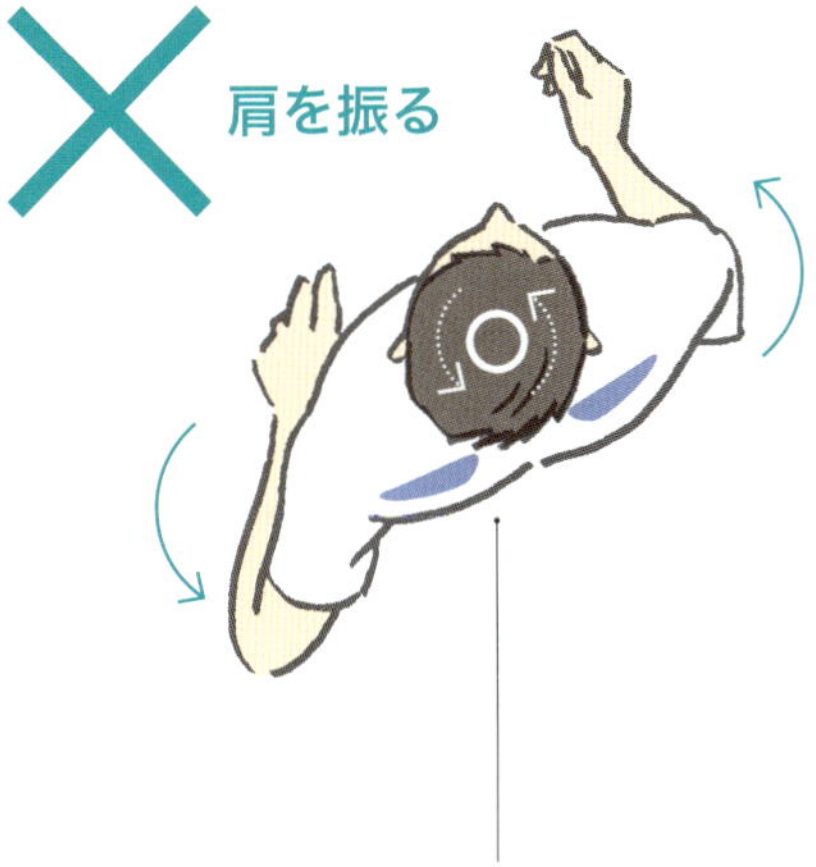

肩を振る

肩を振ると肩甲骨が動かず、中心の回旋が弱くなる

効率のよい腕振りを身につける！

**ねじれの力を効率的に生み出すための腕振りを
感覚のイメージとともに身につけよう！**

1 基本姿勢をつくる

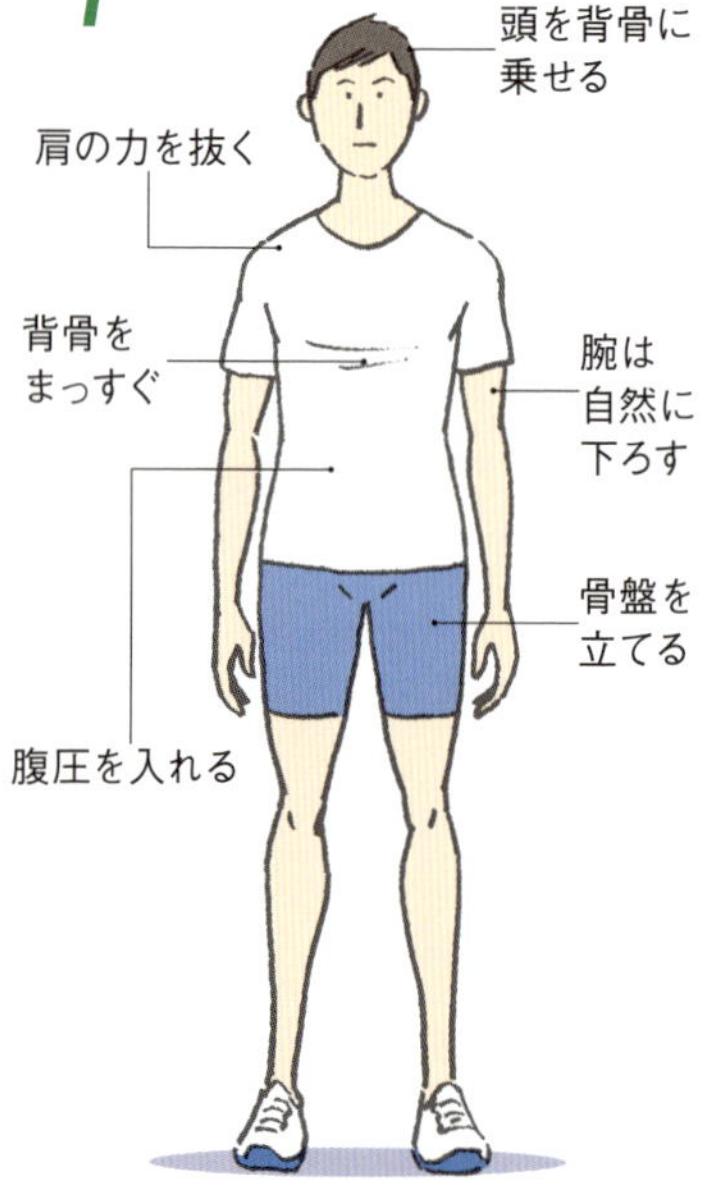
頭を背骨に
乗せる
肩の力を抜く
背骨を
まっすぐ
腕は
自然に
下ろす
骨盤を
立てる
腹圧を入れる

2 腕の力を抜いて ひじを曲げ、指を軽く握る

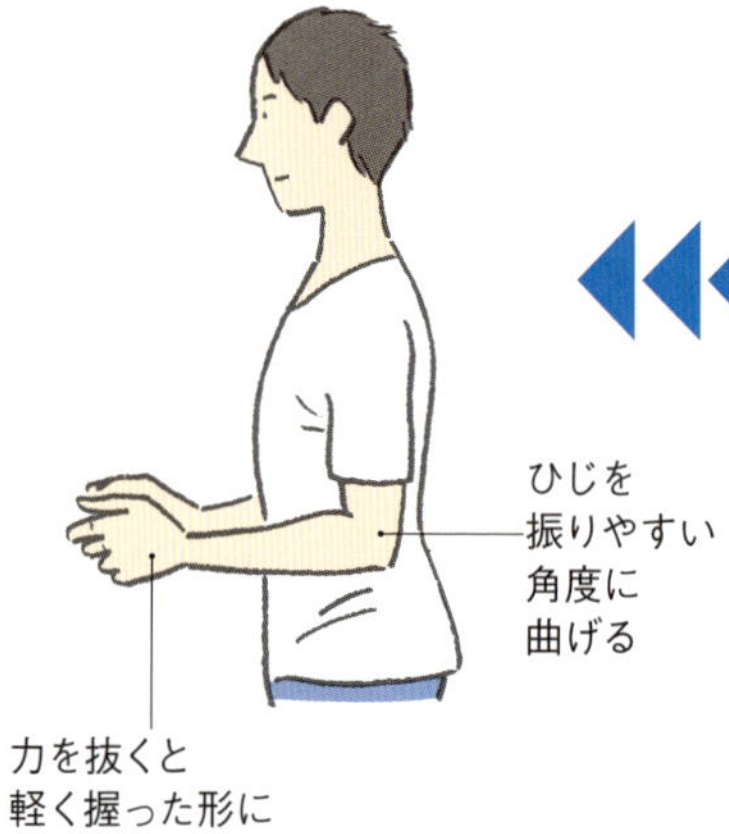
ひじを
振りやすい
角度に
曲げる
力を抜くと
軽く握った形に

カラダの構造的に ひじの軌道は斜め！

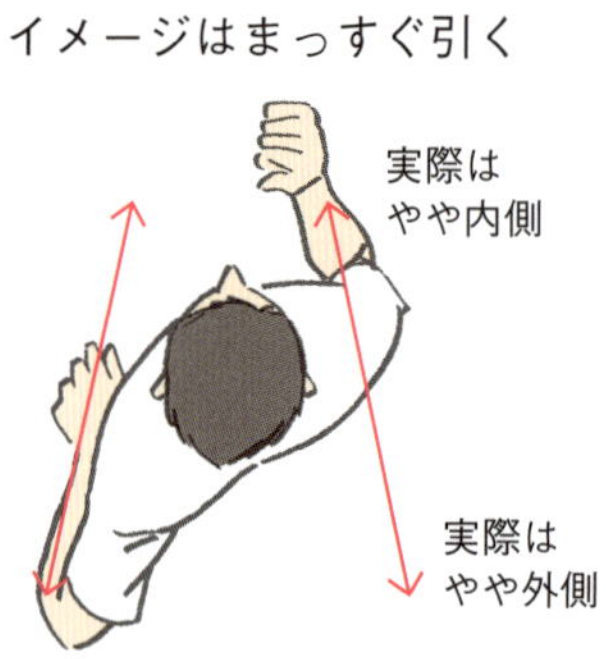
イメージはまっすぐ引く
実際は
やや内側
実際は
やや外側

カラダの構造的にひじをまっすぐ後ろに引いても、実際は少し外側に開くことに。逆に前に戻ってくる際はやや内側に入る形になるため、頭上から見たひじの軌道は斜めになる。

3 胸骨からひじを後ろに引く

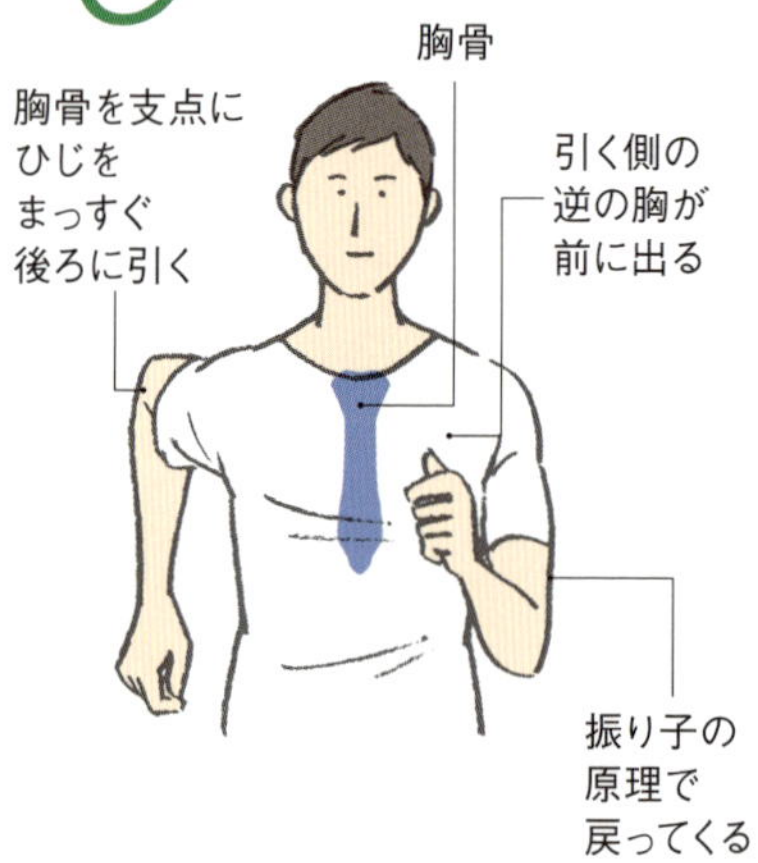
胸骨
胸骨を支点に
ひじを
まっすぐ
後ろに引く
引く側の
逆の胸が
前に出る
振り子の
原理で
戻ってくる

振り子の原理で下りてくるときに力を加える

腕振りは全身の運動局面に合わせ、力のON・OFFを切り替えるのが効率的。振り子が上がり切った瞬間は、空中を浮遊している局面なので力を抜き、接地〜乗り込みの局面となる腕の振り下ろしの瞬間に力を加える。

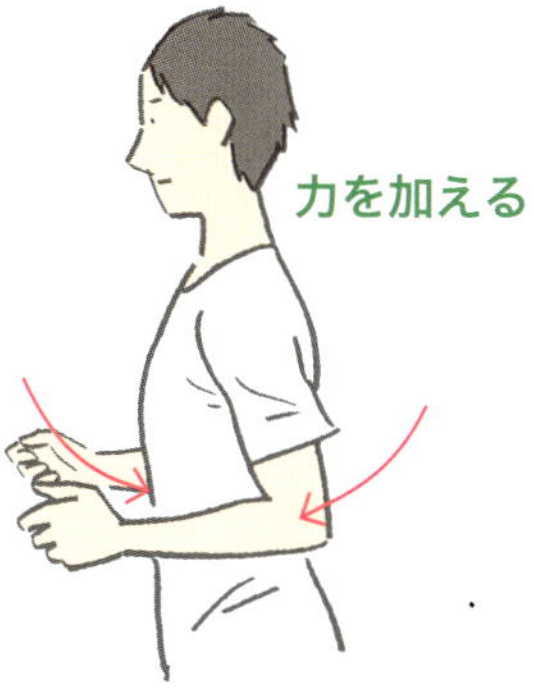

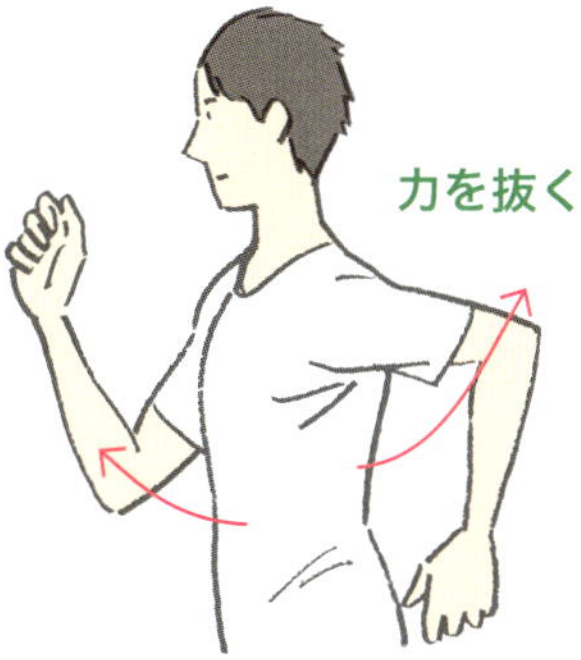

振り子が下りてくる（ひじが体幹を通過する）瞬間に力を加える

||

接地〜乗り込みの局面

振り子が上がり切った瞬間は脱力している

||

浮遊の局面

非効率な腕振りをしていませんか？

ムダなエネルギーを消費してしまう腕振りの例をピックアップ！

腕を伸ばしたまま

長いもの、大きいものを動かすことは慣性の法則からしてコントロールが難しくなる。下半身主導になりがちで、脚の負担が大きくなりやすい。

↓

下半身負担が増加

横に振っている

カラダを前に進める推進力のベクトルを、腕が前を横切ることでふさいでしまう。腹筋の力が抜けていることが多く、これも基本姿勢からの見直しが必要。

↓

推進力が低下

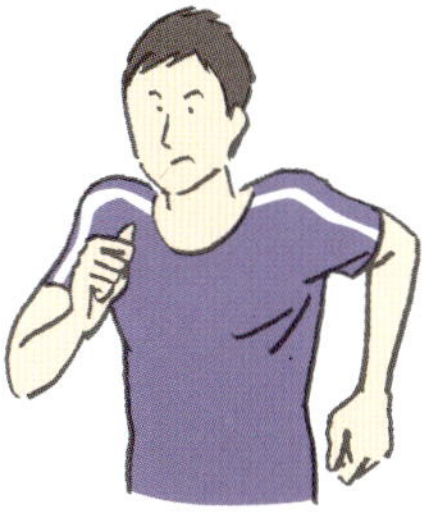

肩が上がっている

肩が上がるとねじれの力が弱まり、カラダを左右に振って走ることに。猫背になっていることが多く、基本姿勢からの見直しが必要となる。

↓

ねじれの力が不足

ランナーのフォームの
意識ランキング

4位
［47.8%］

骨盤

主な悩み

- 骨盤が後傾してしまう
- 股関節が使えない
- 骨盤の使い方がわからない

骨盤は左右対称の動きをする

上半身と下半身の力をつなぐ重要な役割を持つのが**「骨盤」**と**「腰仙関節《ようせんかんせつ》」**です。

骨盤の構造は、左右の**寛骨《かんこつ》**が背骨の末端である**仙骨《せんこつ》**と、**仙腸《せんちょう》関節**でつながっています。その左右の寛骨が、前傾したり、後傾したり、前後に動いたりと**三次元的な動き**をしますが、**左右は対称に近い動き**をします。

歩行時は太ももの大腿骨《だいたいこつ》と連動し、大腿骨が前に来れば後傾し、後ろに来れば前傾し、仙骨もそれに合わせて左右に動きます。イメージとしては、右の寛骨が前傾すれば、左の寛骨は後傾するという関係にあるわけです。

ところが、ランニング時は傾き方が変わります。動きが速くなるため、**骨盤は次の局面を含みながら動く**のです。乗り込み（P46）で力をためるようなときは前傾しますが、そのほかは前傾や後傾の動きを含んでのニュートラル、**「骨盤が立った」ポジション**となります。

また、大腿骨をつなぐ**股関節**も推進力に大きな影響を与えます。乗り込みで力をためる瞬間は、股関節を**屈曲**させ、骨盤が前傾します。次に地面を後ろに押す瞬間には股関節を**伸展**させつつ、骨盤は後傾方向に戻りニュートラルポジションに。この股関節の屈曲と伸展が、前に進む原動力となり、可動の幅が広いストライドを生みます。骨盤の動きが大腿骨の動きをほぼ決めるからです。

さらに、**前後上下に目まぐるしく動く骨盤を司るのは腰仙関節**です。骨盤前傾を意識して腰（腰仙関節）を固定してしまうと、動きに制限がかかります。そのため、基本姿勢の通り、**骨盤を自然に立たせ、動きに合わせるのがベスト**ということになるのです。

骨盤の構造としくみを知る！

まずは、骨盤がどのような構造で、どのように動いているのかを理解しよう！

骨盤は腰椎・仙骨・大腿骨と連動して動く

背骨の末端である仙骨と骨盤をつなぐ仙腸関節。骨盤は一枚の板のように思われがちだが、この仙腸関節によって左右の骨盤がそれぞれに腰の骨（腰椎）と仙骨、太ももの大腿骨の動きと連動する。

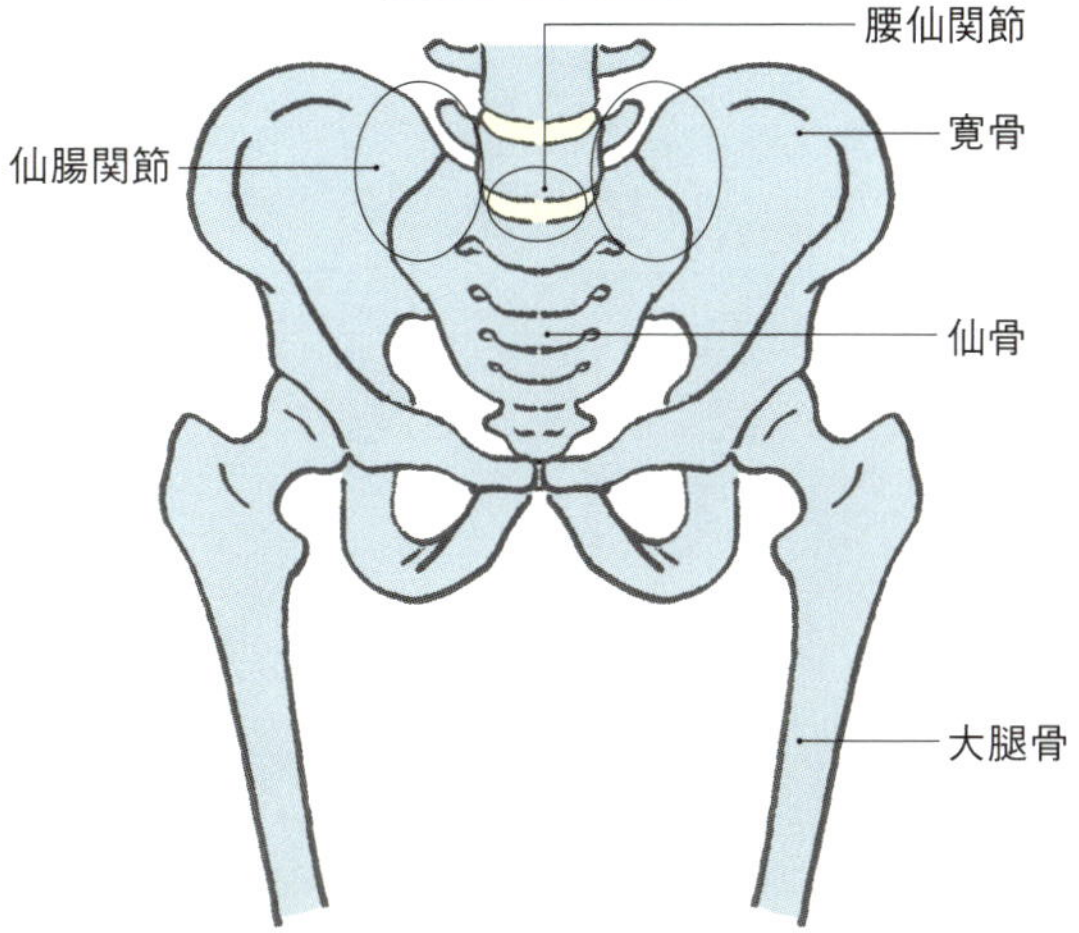

歩行時の骨盤の動き

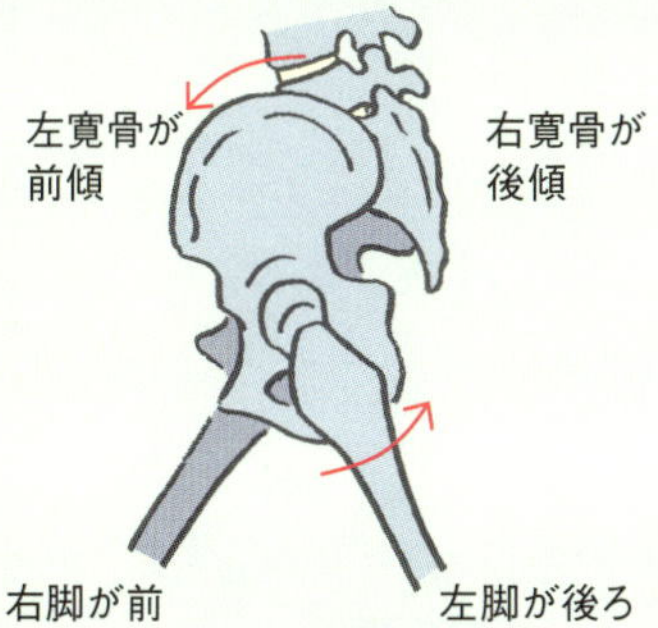

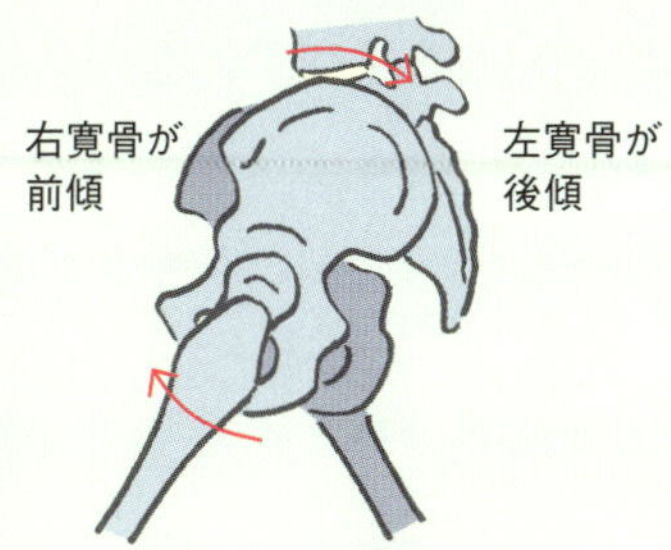

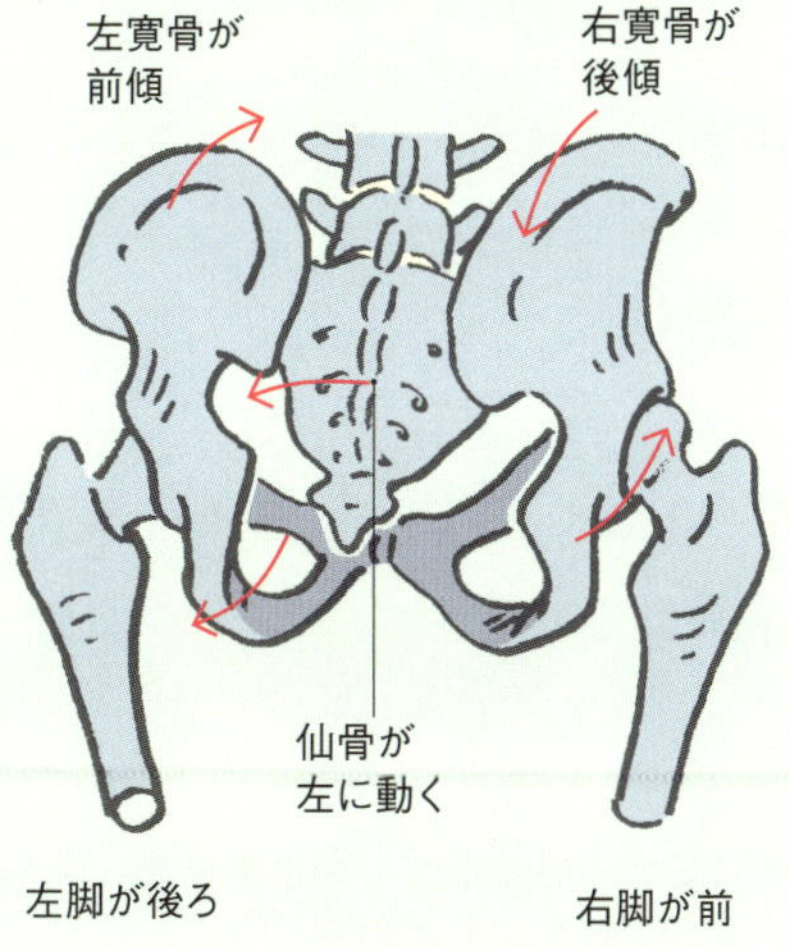

左右の寛骨は対称の位置関係で動く！

ランニングでは骨盤の動きが変わる！

ランニングの場合は骨盤に大腿骨の引きつけ・引き戻し動作が入るため、歩行時とは異なる動きとなる！

～左の寛骨を中心に見た場合～

1 浮遊時

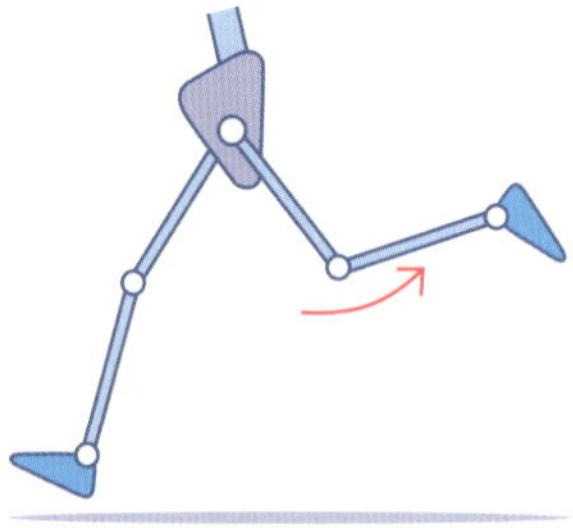

股関節の伸展に合わせ骨盤は後傾に動くが、実際の位置としてはニュートラルに立った状態。

＝

ニュートラル

2 振り戻し

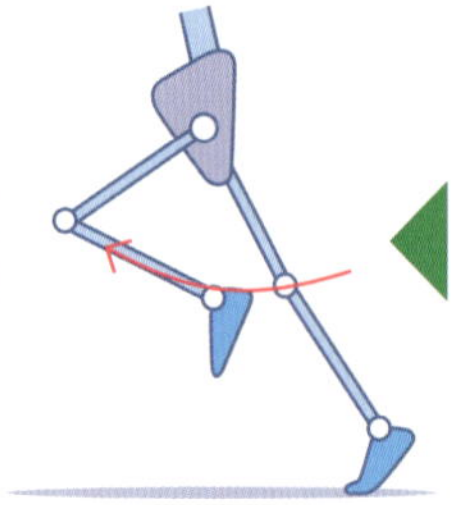

脚を前に振り戻す動きも骨盤の動きは後傾寄りとなるが、実際はニュートラルに立った状態。

＝

ニュートラル

3 接地

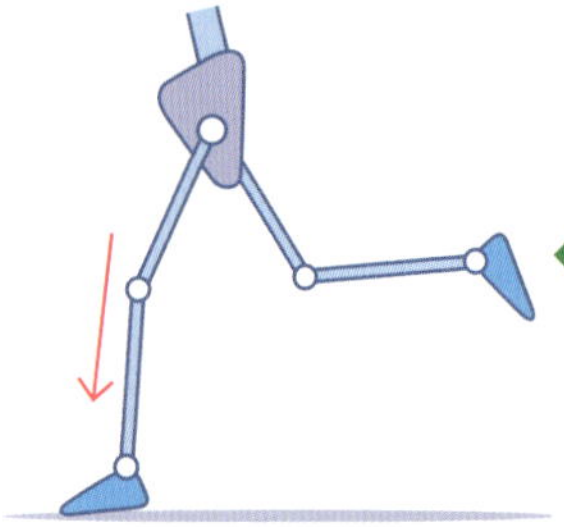

脚を前に出した後で地面に向かう局面。力をためる直前のため、骨盤の動きは前傾寄りとなるが、まだニュートラルな位置。

＝

ニュートラル

4 乗り込み

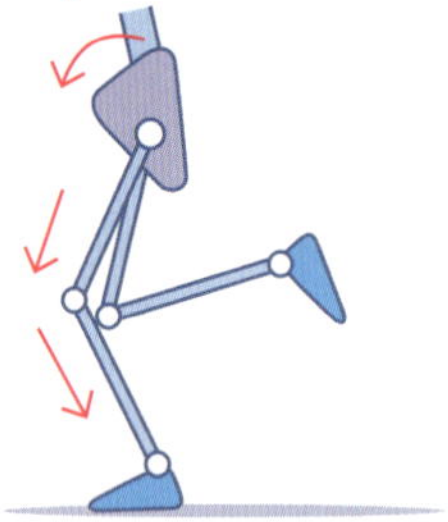

体重を乗せ、地面を押すための力をためるパワーポジション。股関節を屈曲させるため、骨盤は前傾となる。

＝

前傾

5 地面押し

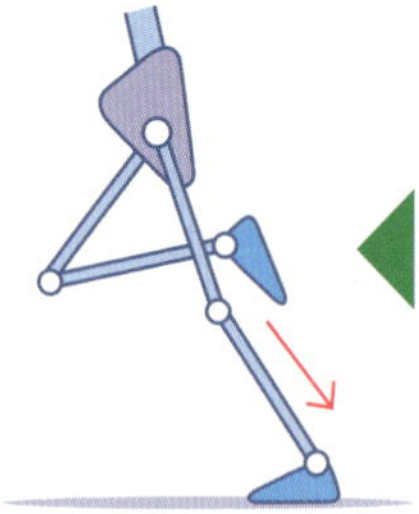

地面を後ろに押すために大腿骨が後方へ。股関節が伸展するため骨盤の動きは後傾に働くが、この時点では前傾。

＝

前傾

6 離地

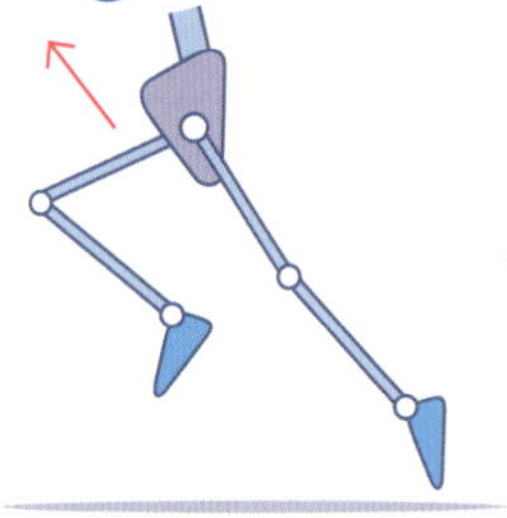

離地の瞬間は、骨盤が前傾から後傾に移行する瞬間であるため、実際の位置はニュートラルになる。

＝

ニュートラル

推進力を生む「股関節の屈曲」

ランニングの推進力の要となる股関節。屈曲と伸展を使いこなすことで、スピードと効率に格段の差が生じる最も重要な関節だ！

1 乗り込み・沈み込み時

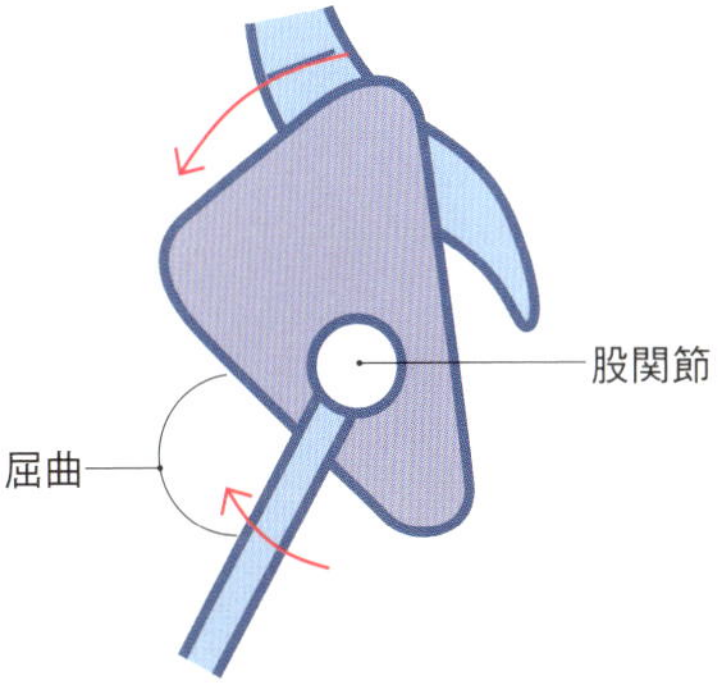

地面を押すための力をためる！

大腿骨が前寄りで、骨盤が前傾する動きをとることで、股関節が屈曲する。このときに、しっかり体重を乗せ、位置エネルギーから得た地面反力などの力をためる。

2 地面を後ろに押す

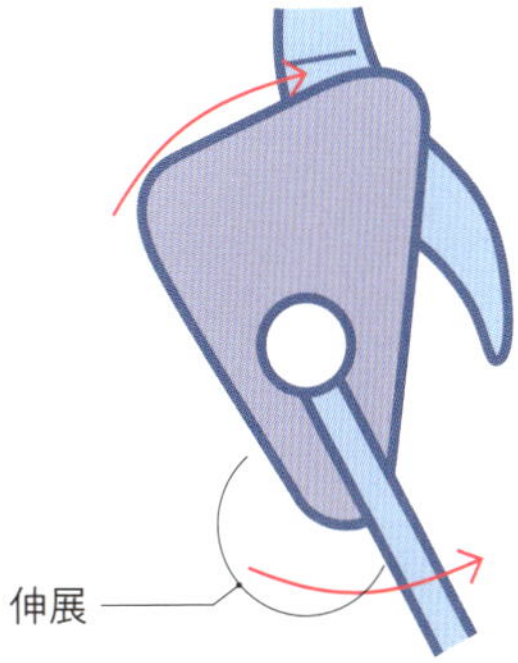

ためた力を一気に出力！

大腿骨が後ろに動き、骨盤も後傾の方向に動く（実際はまだ前傾位置）ことで股関節が伸展。屈曲でためた力を一気に放出し、伸展の力で地面を後ろに押す。

骨盤はタテ回転でローリングする

骨盤は傾きだけでなく、前後にも回転する。

仙骨を中心に回転

骨盤は股関節の屈曲と伸展に合わせた前後の傾きだけでなく、仙骨を軸としてタテ回転でローリングしている。左が前に来れば、右が後ろというように左右で対の動きをするため、仙骨を中心とした自転車のペダルのような動きをする。

骨盤への意識はいらない!?

骨盤は前後両方向に動くため、前傾のまま固めたりする意識は動きの妨げに。とはいえ、骨盤を意識的に動かそうとするのは難しいため、基本姿勢の「骨盤を立たせる」ことだけをイメージし、あとは全身の動きを正しく行うことで「自然と動く」ようにすること。

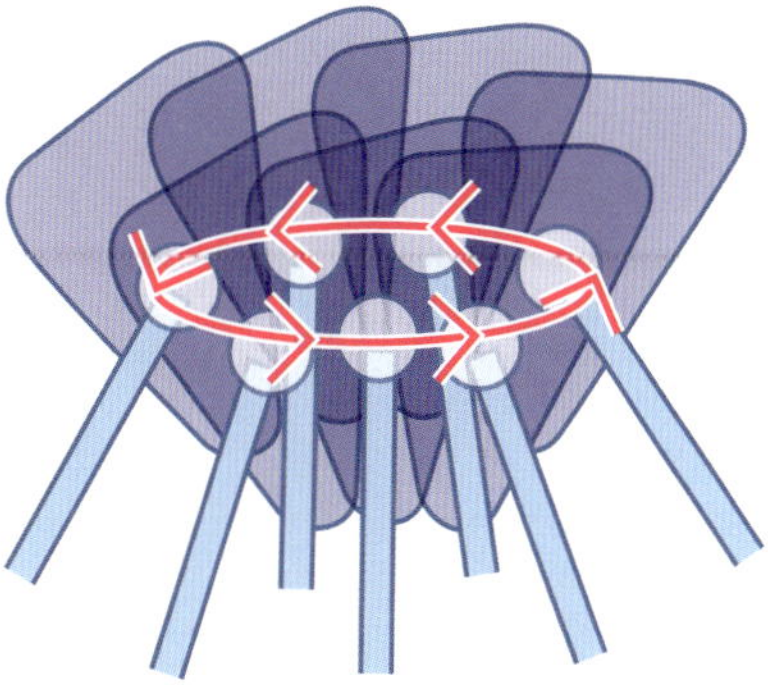

ランナーのフォームの
意識ランキング

5位

[43.1%]

重心

主な悩み

- 重心が遅れてしまう
- 腰の位置が低い
- うまく乗り込めない

カラダを前に運ぶ長距離走において、**「重心」**を的確にコントロールすることは、フォームの効率性を高めるうえで最も重要な課題です。そして、重心をコントロールする局面は大きく分けて3つ。**「接地～乗り込み」「乗り込み～沈み込み」「沈み込み～離地」**です。この3つの局面でスムーズに重心を移動させることが、フォームの効率を高めます。程よいリラックス感で関節を動かせると、位置エネルギー、振り子、慣性、地面反力、テコなどの**自然法則の力**を利用することができます。

股関節の使い方がカギを握る！

接地した直後、カラダを沈み込ませ、軸脚に体重を乗せて力をためるのが「乗り込み」。空中姿勢の高さで得た位置エネルギー、ベクトルが前に向いている慣性、地面からの反力、振り子で得る軸の回旋力といったさまざまな力が、この瞬間にギュッと集まります。その力が、地面を後ろに押していく推進力になるのです。

乗り込みで最も重要なのが、**股関節**。骨盤が前傾し、大腿骨が前に動く、つまり**股関節が屈曲した状態**をつくります。屈曲した瞬間に力をため、その後その力を解放するように伸展させ、地面を後ろに押していくのです。

このとき、カラダを沈み込ませて、体重を乗せますが、ひざ関節を曲げる意識はいりません。**股関節を曲げれば、ひざも足首も自然と連動する**からです。

また、姿勢は前傾させる意識より、乗り込み時に重心を前に持っていく感覚を大切にしましょう。

ここで重心が遅れたりすると、大きなロスが生まれます。重要なのは、すねの**脛骨が足関節より前にあること**。そして、沈み込んだとき、頭・両ひじ・骨盤・両ひざが一直線にそろうことです。

- 地面の反力を推進力に変える「乗り込み〜沈み込み」 -

カラダを前に効率よく運ぶのがランニング。重心位置をしっかりとらえ、乗り込み脚に正しく体重を乗せることが推進力に大きな影響を与える！

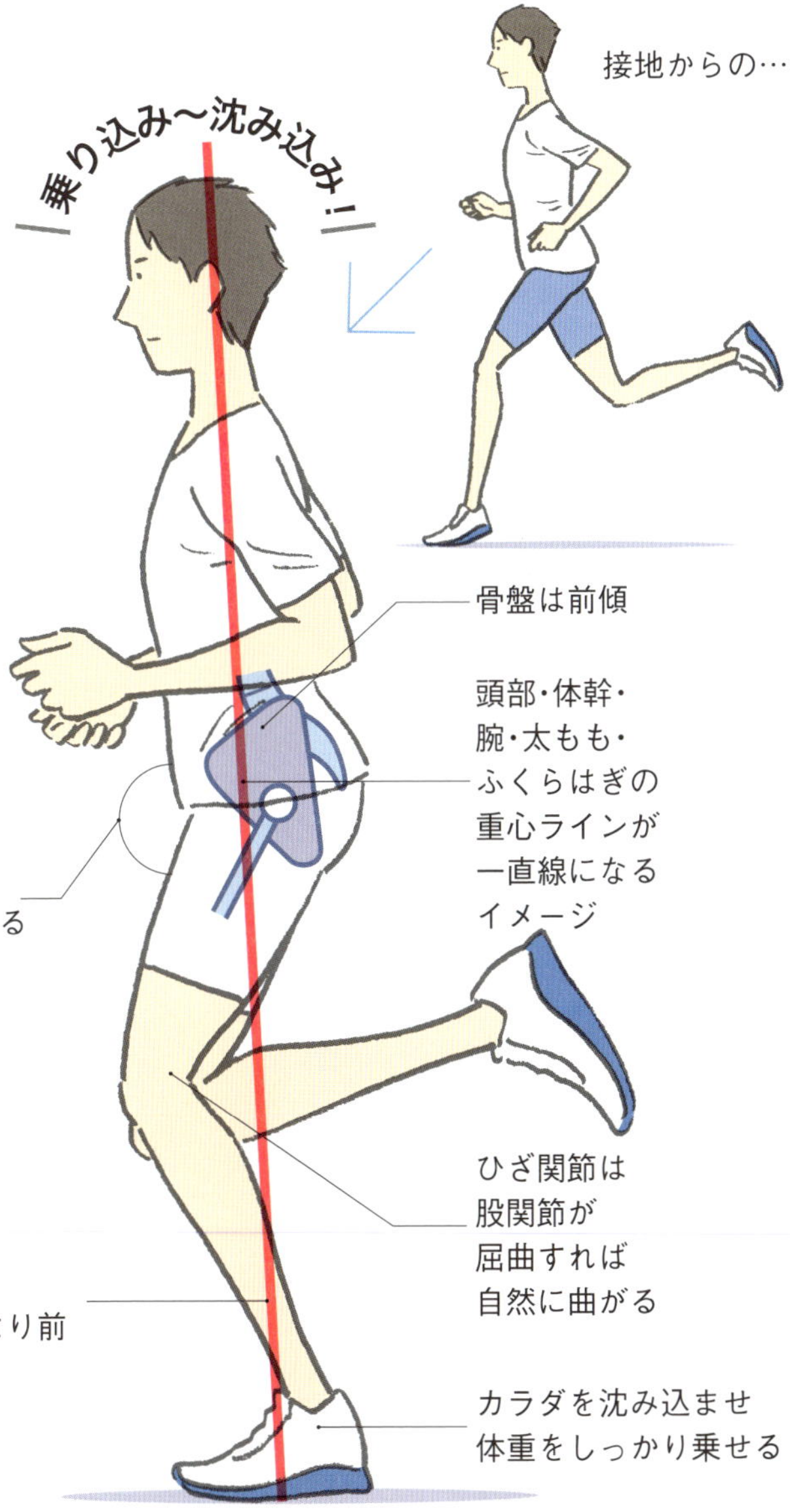
股関節を屈曲させる
脛骨は足関節より前

両腕・両ひざがそろうタイミングが大事！

最も重要な瞬間は、両腕・両脚が振り下ろしの最下点で、全身の重心が一直線にそろうタイミングだ。それはカラダを沈み込ませ、しっかり体重を乗せて力をためる瞬間。手足にばらつきがある場合は、重心やその他の動きのタイミングがずれている証拠。エネルギーロスにつながるので、しっかり修正しておきたい。

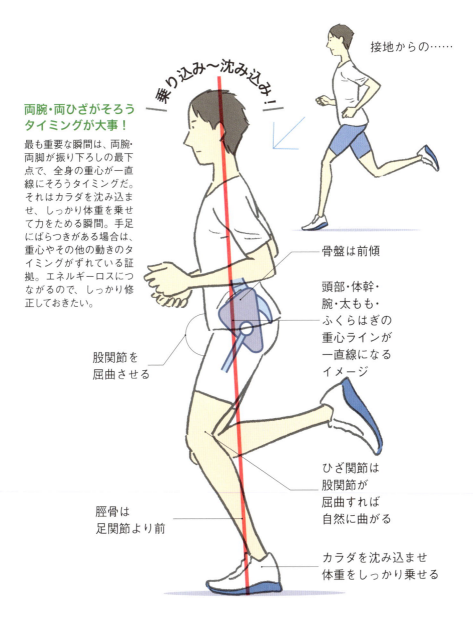

地面を押すときは、ひざとすねを動かさない！

乗り込み動作でためた力を使い、効率よく地面を後ろに押して前に進む！

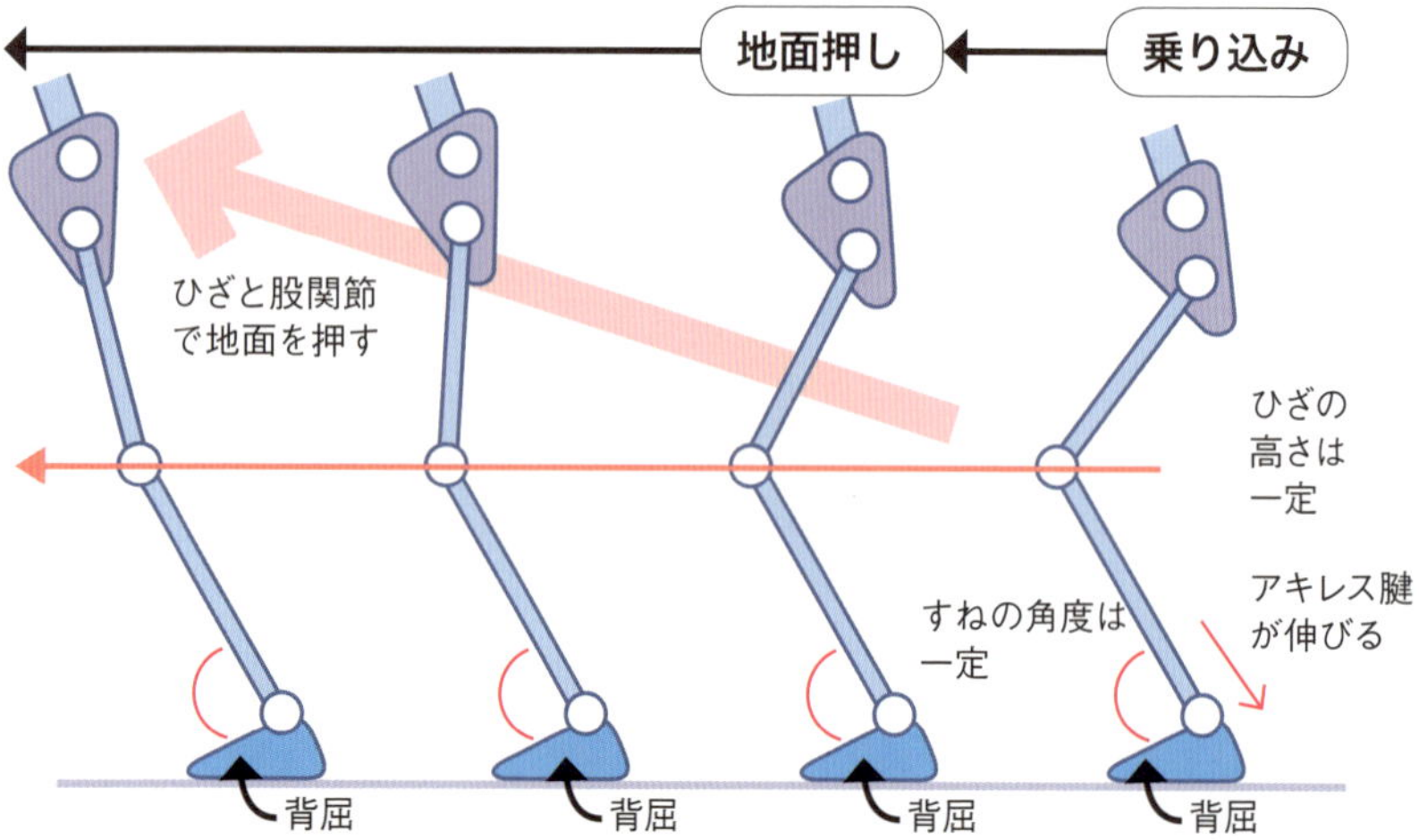

〜さらに「最後のひと押し」が重要！〜

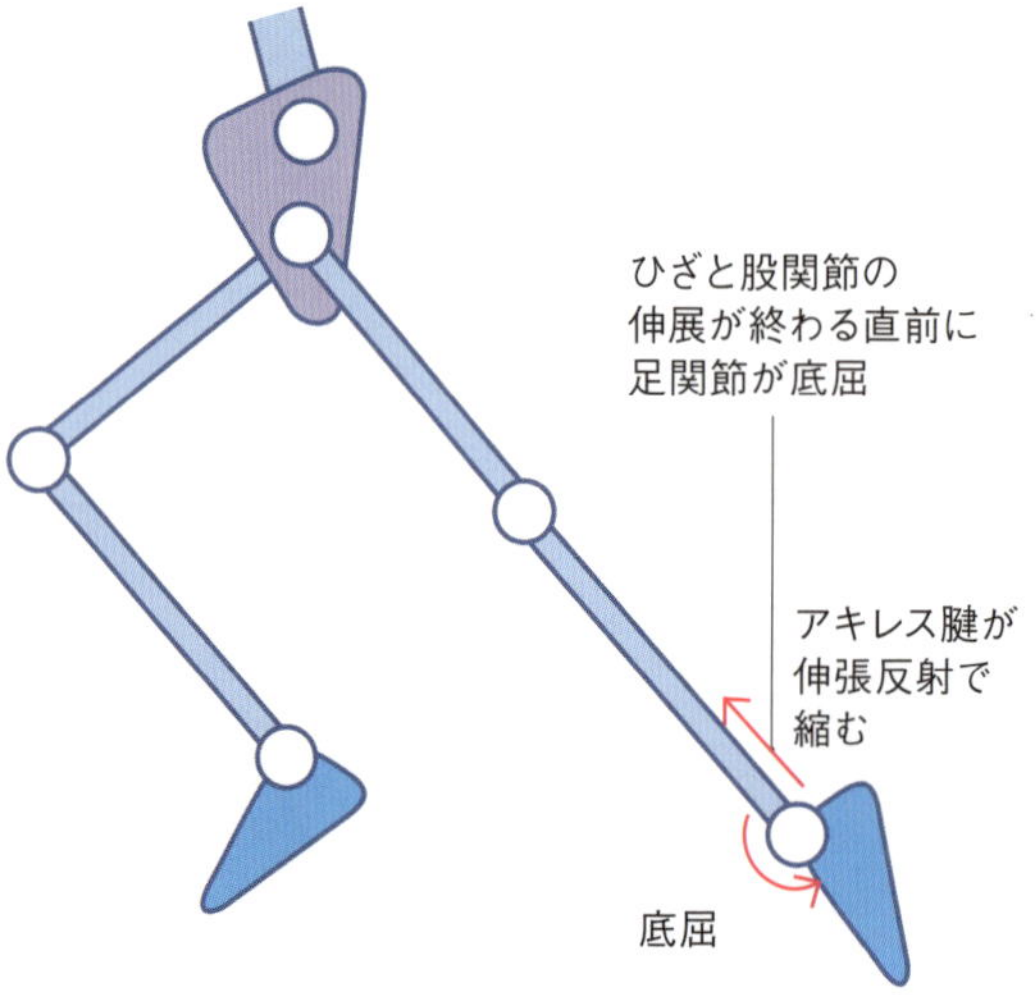

ひざと股関節、最後に足関節で押す

地面を後ろに押すときは、乗り込みで沈んだ位置からすねの角度、ひざの高さは変えず、股関節とひざ関節の伸展で押していく。最後に足関節の背屈によって伸ばされたアキレス腱の縮む力（伸張反射）を利用し、足関節の自然な底屈でひと押しする。

股関節の屈曲を感覚でつかむ！

股関節を屈曲させるには、どのような感覚で走るのが正解なのか？

○ 腹斜筋を縮めれば股関節が屈曲する

× 股関節やひざを曲げようとする

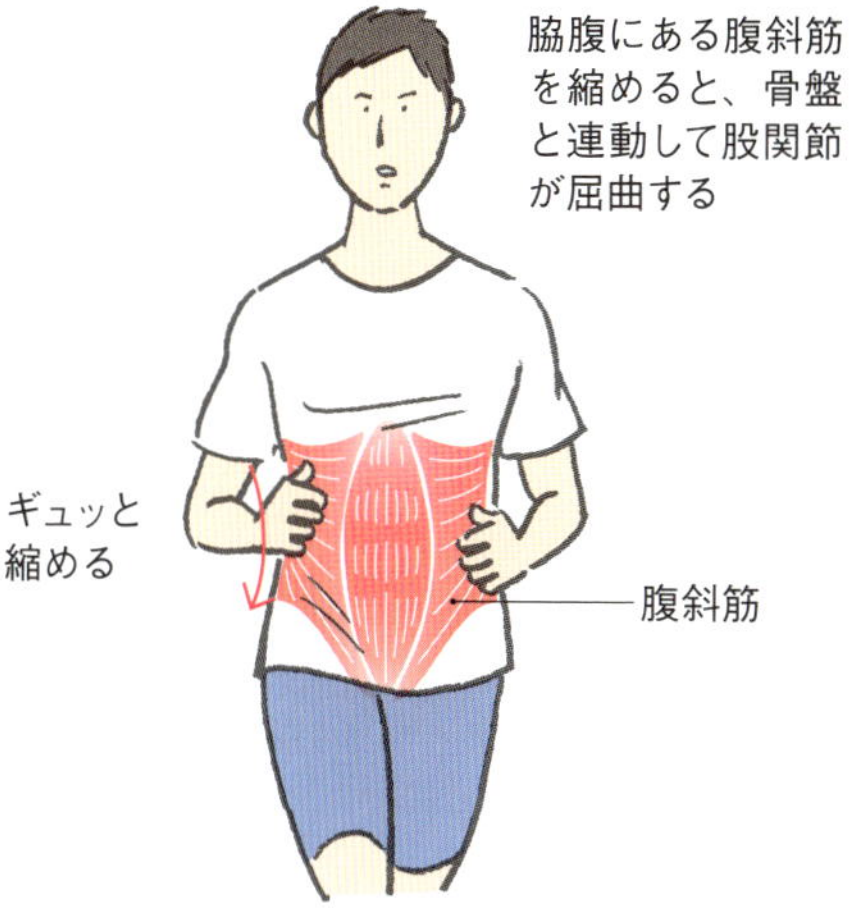
脇腹にある腹斜筋を縮めると、骨盤と連動して股関節が屈曲する
ギュッと縮める
腹斜筋

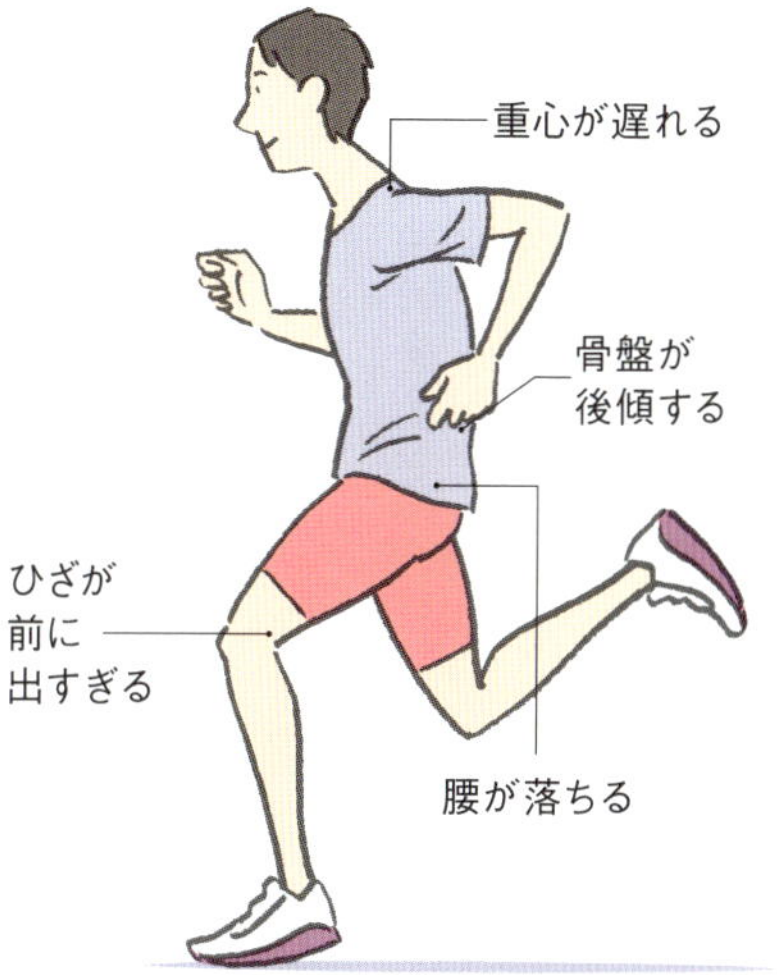
重心が遅れる
骨盤が後傾する
ひざが前に出すぎる
腰が落ちる

～着地側の脇腹に力を入れるイメージ～

曲げようと思うと逆効果に！

股関節を意図的に曲げようとすると、お尻を後ろに突き出したり、ひざが前に出すぎたり、腰が落ちて重心が遅れる原因になることがほとんど。この場合、意識すべきは脇腹。腹斜筋にギュッと力を入れるイメージで乗り込み動作を行うと、自然に股関節が曲がる。

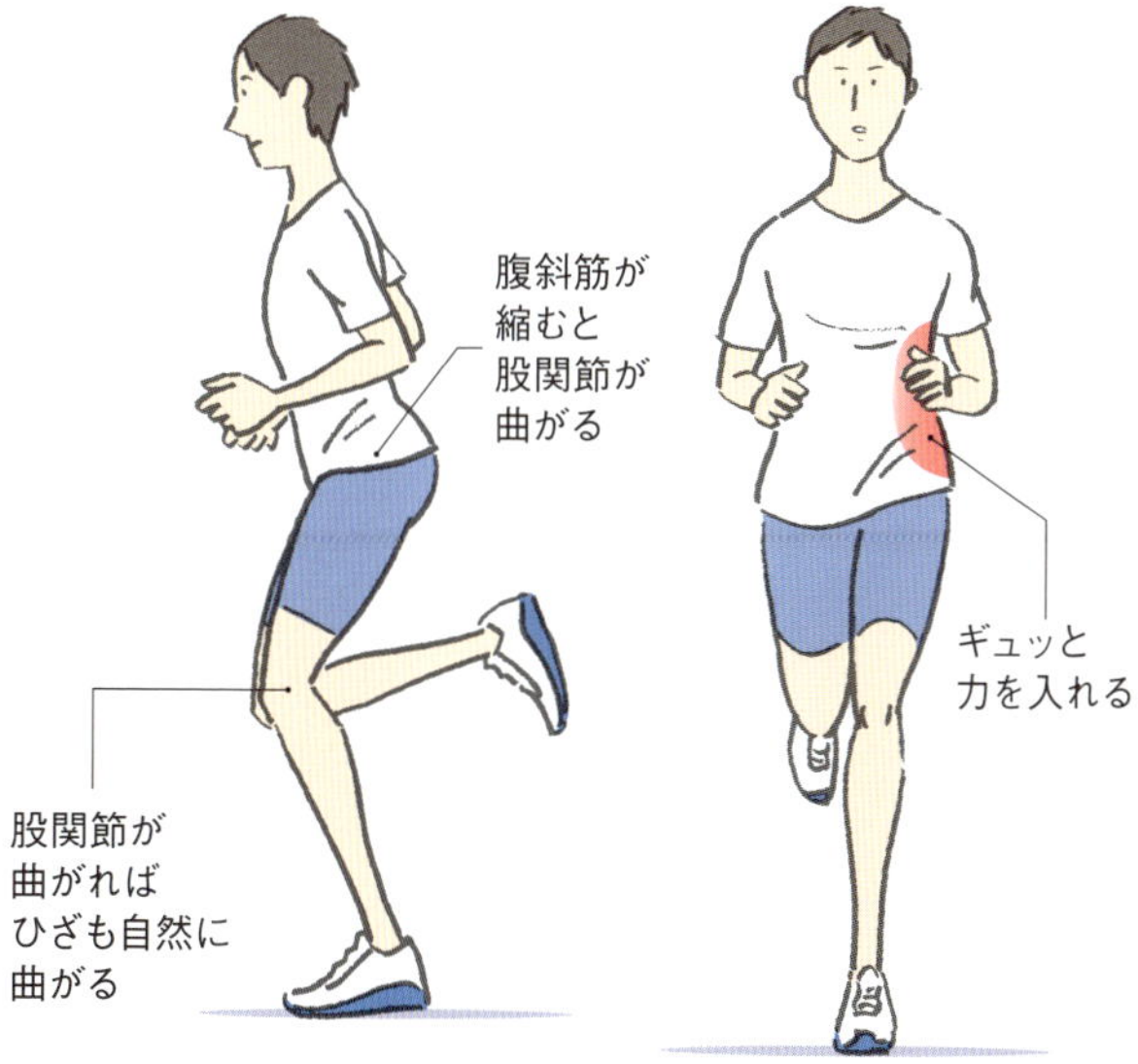
腹斜筋が縮むと股関節が曲がる
股関節が曲がればひざも自然に曲がる
ギュッと力を入れる

全身を連動させてこそ最高の1歩が生まれる！

空中に始まり、空中に終わる

ランナーの多くは、脚が地面に着いている接地区間への意識が強く、空中姿勢への意識が低い傾向にあります。

接地区間の動きが、その後の空中姿勢を決めるのであれば、逆もしかり。**空中姿勢が接地区間の動きを決める**関係にあるのです。そのため、**空中姿勢の形（フィニッシュ動作）をしっかりイメージ**することが、ランニングの効率性を高める重要なポイントです。空中姿勢で大事なのは、リラックスすること。**力を抜いて上半身をひねって前に持っていくイメージ**で進みましょう。

局面1 空中姿勢はフォームのゴールかつスタート！

空中姿勢をゴールとしてイメージする

実はすべての動作のゴールは空中姿勢にある。空中姿勢の形次第で次の動きが決まってしまうため、力の抜けた正しい姿勢を強くイメージしたい。空中姿勢はランニング動作のゴールであり、スタートでもある。

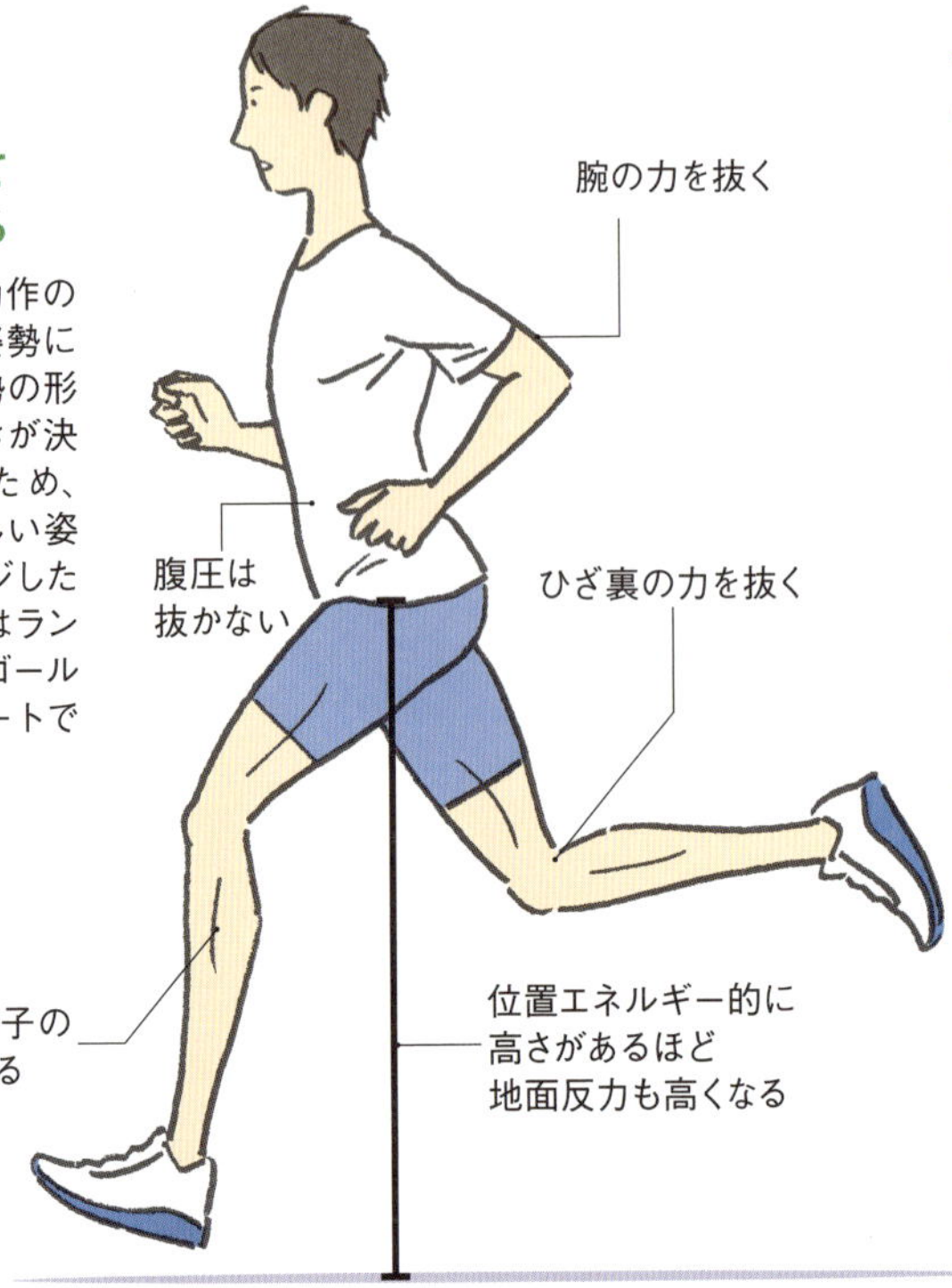
ひざ下は振り子の法則にゆだねる

局面2　接地（逆脚は振り戻し）

振り子が下りてくる力を利用する

脚を前に振り下ろすとき、接地の直前まではひざから下の力が抜けている状態。股関節からひざの第1の振り子が振り下ろされ、次にひざから下の第2の振り子が振り下ろされる。

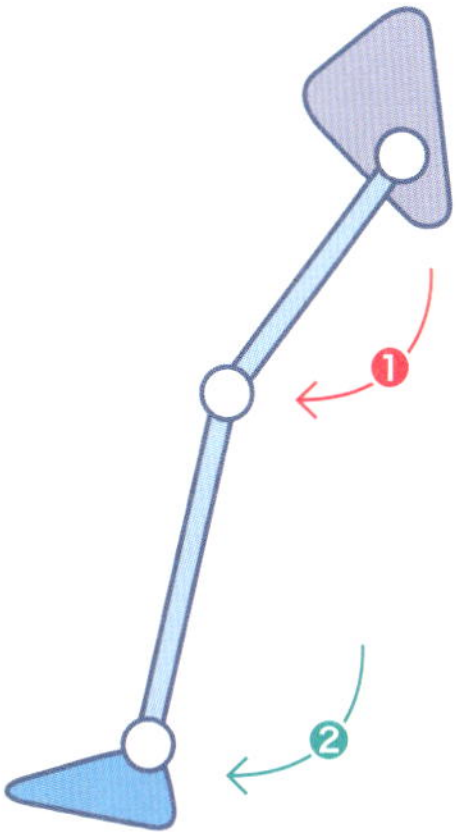

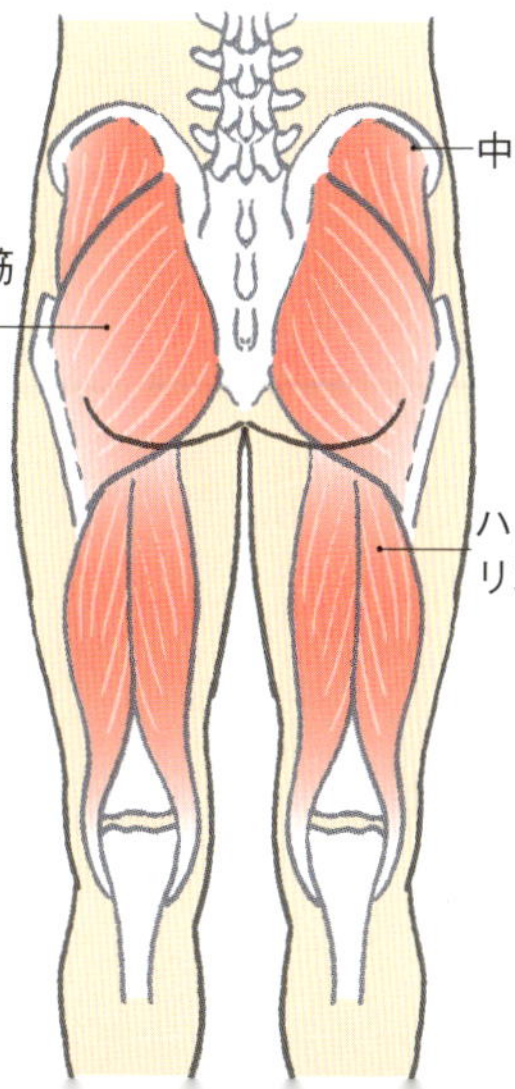

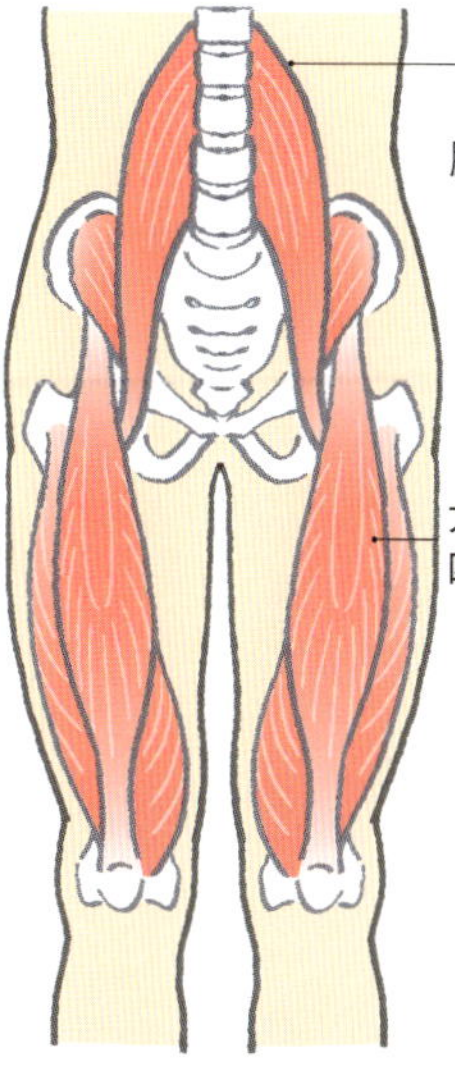

表と裏の筋肉をスイッチング

地面を押して空中姿勢に入るまでは下半身の裏側の筋肉がメインで担当し、空中で脚を前に振り戻す瞬間に表側の筋肉にスイッチが切り替わる。切り替えの際も表側の腸腰筋の伸張反射（縮む力）を利用すれば、脚の振り戻しがラクになる。

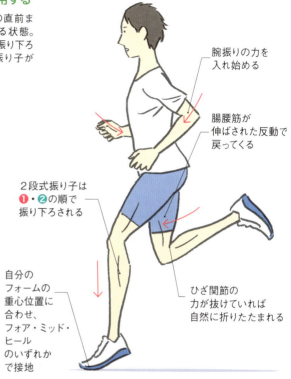

全身を連動させてこそ最高の1歩が生まれる！

局面3 乗り込み

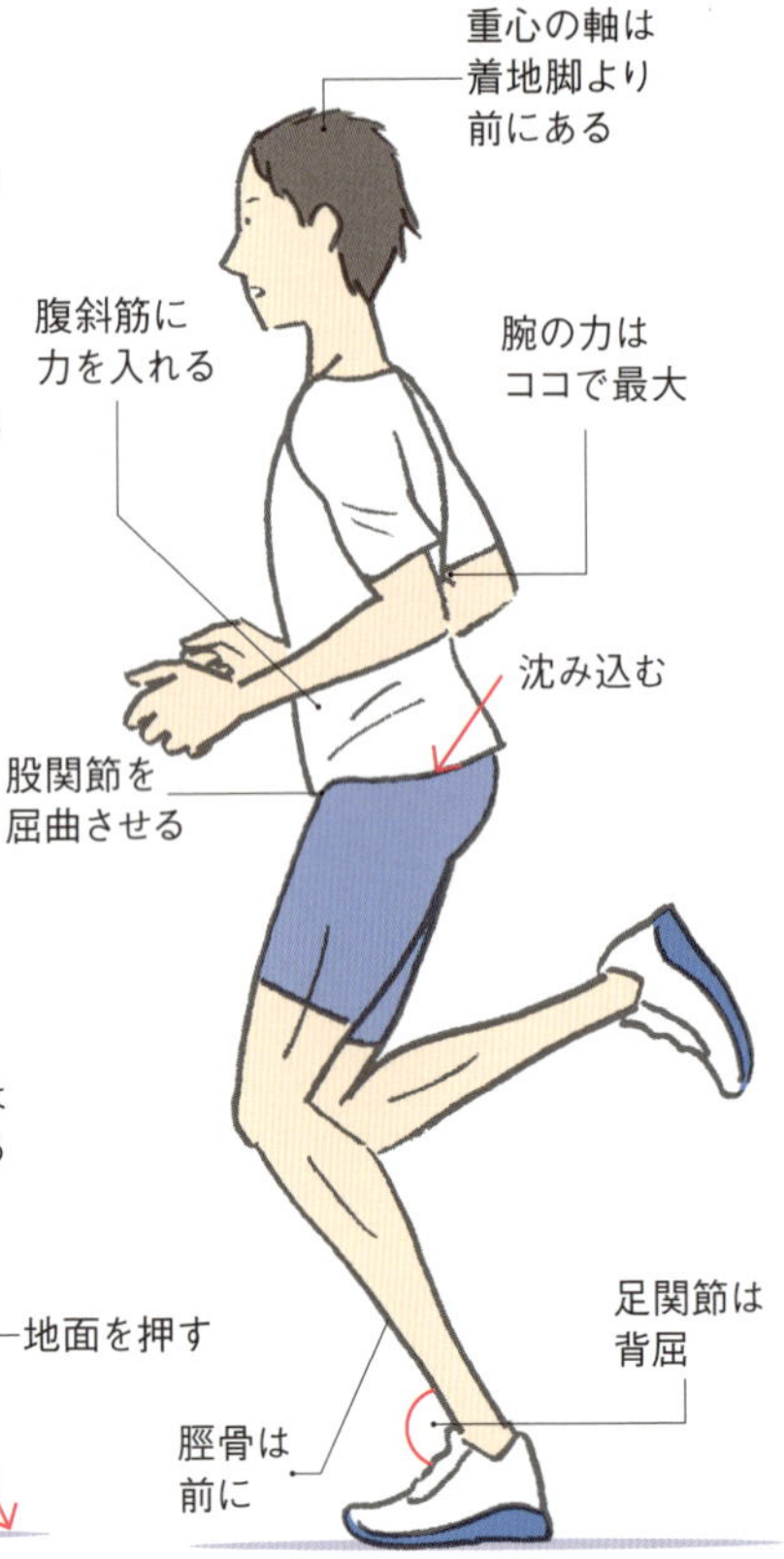
重心の軸は
着地脚より
前にある
腹斜筋に
力を入れる
腕の力は
ココで最大
沈み込む
股関節を
屈曲させる
足関節は
背屈
脛骨は
前に

局面4 地面押し

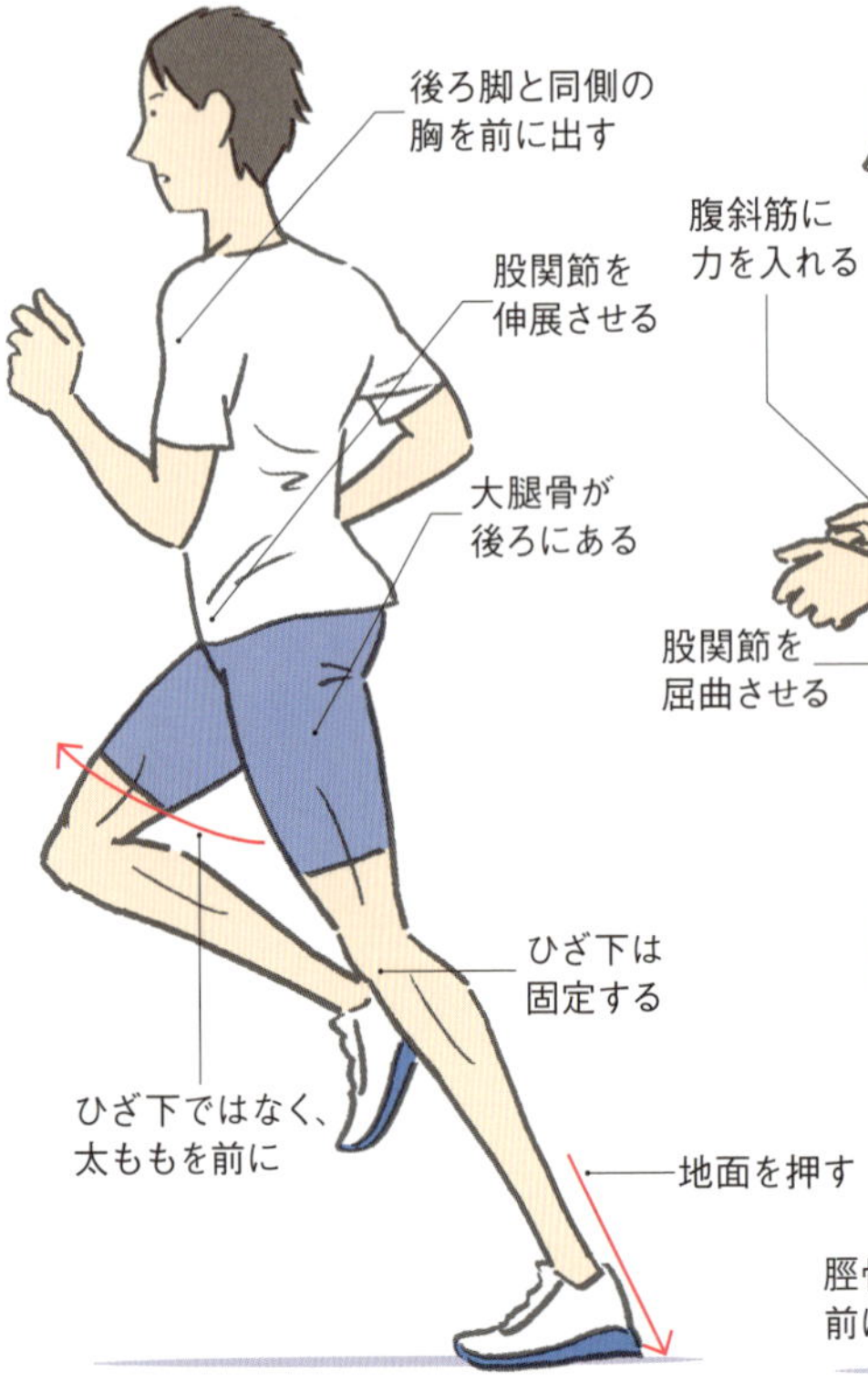
後ろ脚と同側の
胸を前に出す
股関節を
伸展させる
大腿骨が
後ろにある
ひざ下は
固定する
ひざ下ではなく、
太ももを前に
地面を押す

後ろ脚を前に振り戻すときは、伸ばされた**腸腰筋**（骨盤の前側に位置する）**の反射で縮む力**（伸張反射）を利用します。そこから接地に至る際に、ひざから下の力は抜いて、股関節からひざ、ひざから下の**2段式振り子の力**を使って前に脚を振り出します（局面2）。

動きのポイントを流れでつかむ

その後、接地から乗り込みに移行し、股関節を屈曲させて力をためますが、足首を背屈（脛骨を前傾）させて、**アキレス腱を伸ばすこと**がポイント。地面押しから離地に至る瞬間に、アキレス腱が伸ばされた反射でふくらはぎが縮み、その力で足関節が底屈して最後のひと押しを生みます。キプチョゲ選手のフォームを見ると、**股関節とアキ**

基本姿勢は大前提！

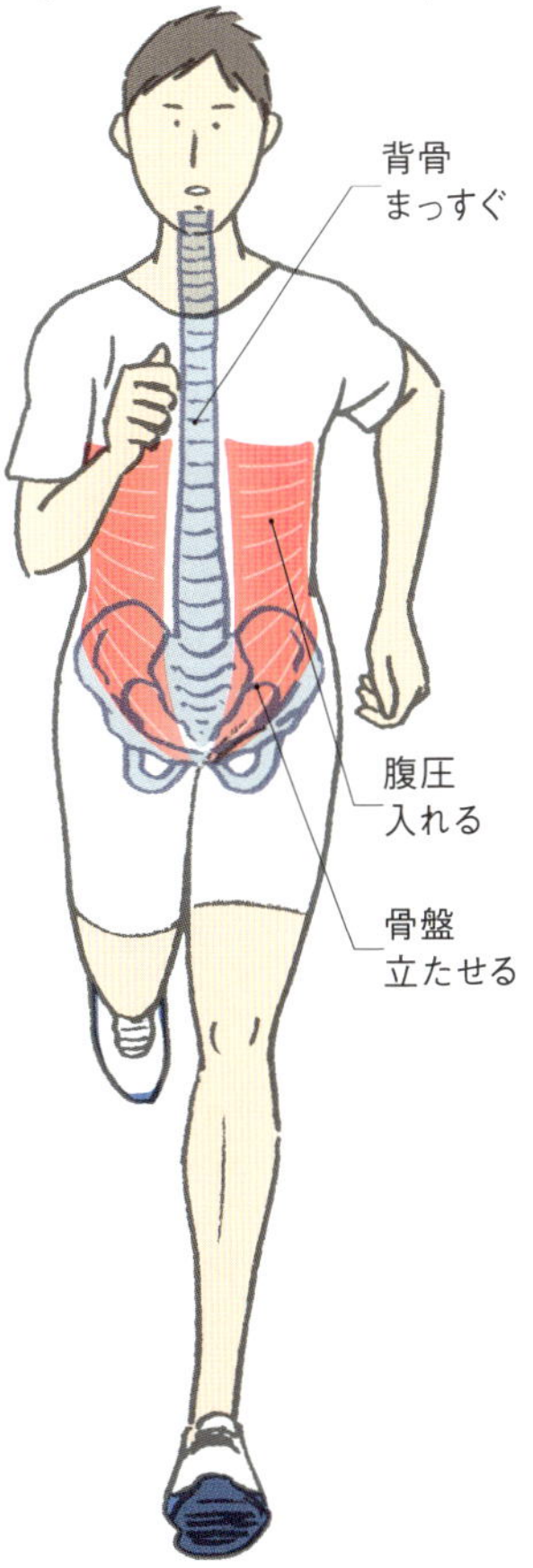

姿勢ができていれば上下連動がスムーズ！

効率的なフォームにおいて意識すべきポイントは多いが、それらも基本姿勢ができていればこそ。逆にいえば、基本姿勢ができていれば、空中姿勢と乗り込み動作のイメージを持つだけで、そのほかは自動的に正しい動きになるといっても過言ではない。上下連動も姿勢が悪いとうまく機能しないので、フォーム修正の第1歩はアンケートのランキングでも1位となった姿勢を改善することから始めよう。

局面5 離地

レス腱の2段式バネを利用し、強い推進力を生み出しているのがわかります。

地面を離れてジャンプする瞬間は、**斜め60度にベクトルを向け**ます。実際は45度で跳躍することになりますが、なんとなくでもよいので、60度をイメージすると、45度で跳躍できます。

自己分析

自撮りして現状のフォームをチェック!

客観的な判断は動画でチェック!

主観的な感覚だけでフォームの確認はできません。定期的にスマートフォンなどで動画を撮影し、自分のフォームを確認しましょう。ひとりで走っているランナーの場合、100円ショップなどでポーチに収まる小型の三脚なども売っているので、やりやすい方法で撮影するとよいでしょう。

姿勢や**乗り込み時の重心**、**股関節の屈曲**や**大腿骨の位置**など、自分がイメージした形より、ずれていることが多いです。動画をチェックすることで、主観的な感覚と、客観的な実際のフォームの間のずれを修正することができます。

課題が見つかったときは、P65で紹介するフォーム修正ドリルなどで、正しい動作感覚を身につけましょう。

スマートフォンで自分のフォームを撮影しよう!

正面

撮影するときは、正面アングル、横アングル、着地時のアップを撮影すると、フォームの課題が見えやすい。

横

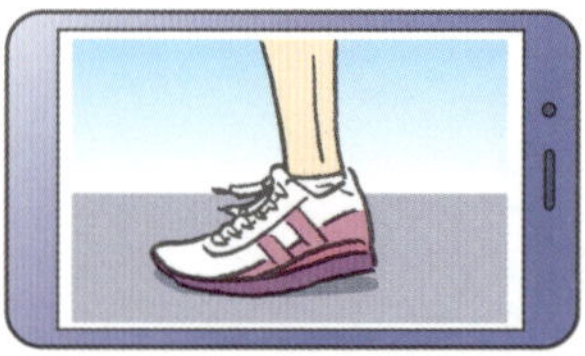

着地時のアップ

動画でチェックすべき4つのポイント

1 姿勢

反り腰や猫背といった姿勢の乱れがあると、どんなに練習してもフォームの改善はできない。まずは姿勢をチェックしよう。

反り腰

猫背

2 乗り込み時の重心

乗り込み動作のときに腰が落ちてひざが前に出すぎたり、重心が遅れたりしていないかを確認。とくに重心の遅れは大きなロスになるので注意しよう。

ひざが前に出すぎ

重心の遅れ

重心が遅れていると、
脛骨（すね）が
着地足の後ろにある

3 股関節の屈曲

股関節が伸びたままでは、スピードを出すことは難しい。きちんと股関節を屈曲できているか確認しよう。

4 地面押し時の大腿骨の位置

地面を後ろに押しているときに、大腿骨（太もも）が後方に伸びていなければ、ひざ下だけで走っている証拠。大腿骨が真下にある場合は、股関節の屈曲と伸展が不十分といえる。

大腿骨が真下にある

股関節が伸びたまま

C O L U M N

理想的なフォームは？

～トップアスリートのフォーム分析～

フルマラソンのサブ２を目指すドキュメンタリーで、エリウド・キプチョゲの走りを観たときの衝撃は今でも覚えています。滑らかなフォームで１㎞２分50秒のペースをどこまでも続けられるかのような余裕の表情。力を使わない走りに究極のランニングエコノミーを感じました。

ベルリンマラソンでの世界記録も当然で、それよりも驚愕したのは約半年後のロンドンマラソンでのこと。40㎞手前からのロングスパートで相手を引き離して優勝しましたが、その速度は私の推定で１㎞２分40秒近いスピードが出ていたと思います。それまでの40㎞を１㎞平均２分55秒ペースで走ってきた終盤で出せる走速度ではありません。無理に脚を伸ばさないフォームでありながら、抜群の推進力を生み出す技術と体力は、もはや超人といえます。

キプチョゲのすごさとは？

では、キプチョゲのなにが優れているのか？　適度な脛骨角度と前傾姿勢、乗り込み動作の巧みさから生み出される股関節とアキレス腱反射を使った２段式のバネ。このバネのタイミングがピッタリと合って、カラダがブレることなく１歩でグンと進む。カラダを大きく伸展させずにつくり出せることが驚異的ですが、彼の1500ｍのベストが３分33秒と知って納得できました。

フルマラソン完走で約３万歩。同じ動作を左右で1.5万回も続けることを考えた場合、「より小さな力発揮で１歩を進める」ことが求められます。スピード（１歩の労力）×スタミナ（1.5万歩）と考えると、酸素摂取量やエネルギー利用効率、エネルギー代謝、消費量などにも影響を与えるのは当然。フォームは最も大切な競技能力と考えて間違いありません。

やはり大切なのは最高の１歩

マラソンのパフォーマンスは、酸素摂取・運搬能力とエネルギー代謝・産生、運動器などで決定すると思いがち。この考えに基づくと、苦しいトレーニングをより多く消化した人が勝者となるはずですが、実際は違います。フォームが体力を構成する要素に大きく関与していることを知るべきです。

本書を手に取っていただいた方が、なんらかのヒントを得て「最高の１歩」に近づけることを願っています。

PART 2

最高のフォームをつくる

知識

最高の1歩をモノにしたい！　感覚と動作を一致させるには？

無意識でイメージ通り走れるのが理想

フォームの知識を得るだけで、イメージ通りに走れるようになれば苦労はありません。

走るときは、主観的な感覚だけを頼りにカラダを動かすしかないので、実際にできているかどうかを判断することもできません。

しかも、ランニング動作は、それぞれの局面でポイントが多く、頭で考えていては追いつけません。

では、どうすればよいのでしょうか？

理想は、**無意識でイメージ通りのフォームで走れるようになる**こと。自然に走って、カラダが正しく動くことを目指したいところです。

しかし、ランニングのすべての局面の動作をまとめて一気に体得するのは、かなり難しいこと。そこで必要になるのが**技術練習**です。

技術練習は定期的に実践すべきもの

技術練習は、ランニング動作のなかの一部の動きを抜き出して、**感覚と実際の動きを一致させる**トレーニング。これを繰り返すことで、局面ごとの動きを積み重ね、徐々にフォーム全体の感覚に落とし込んでいくのです。

しかし、ほぼ理想的なフォームが完成したとしても、それで終わりではありません。

フォームの感覚は、体調や天候といった**コンディションの変化に影響されやすく、ずれが生じやすい**ものなのです。そのため、フォームを磨く技術練習は、修正が完成したら終わりではなく、日々（定期的）に取り入れなければならないトレーニングなのです。

知識だけでは走れない！

頭で理解したからといって、正しい動きを実践できるわけではない。技術練習が大切！

結局は主観的な感覚が頼り！

考えていては追いつかない！

フォームは感覚的な部分が大きい

↓

変化しやすいので、技術練習が欠かせない！

細かいフォーム動作の感覚を一つひとつカラダに覚えさせる！

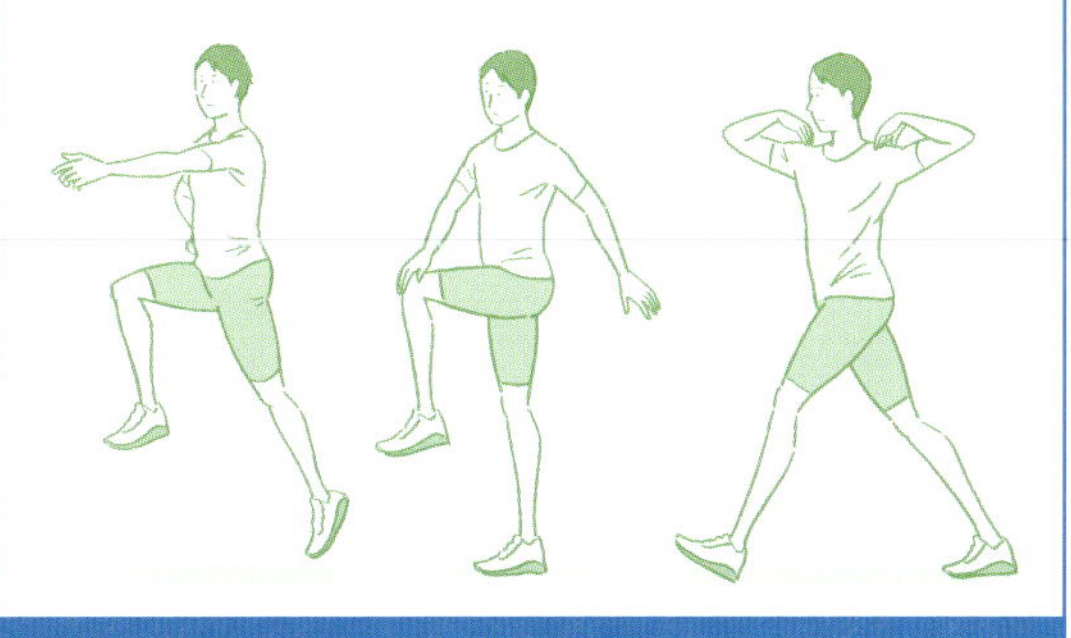

動作のポイントを細分化したドリル ➡P65

知識

スピードそのものは「筋肉」から生まれる！

筋トレで「速筋」を増やすと速くなる？

速く走る、いわゆる「スピード練習」でスピードはつきません。スピードを持続できるようになるだけで、スプリント能力がレベルアップするわけではないのです。

では、走行スピードを速くするものとはなにか？

それは「筋肉」です。筋肉を構成する筋線維のなかでも**「速筋《そっきん》」と呼ばれる線維が、スピードを生み出します。**

しかし、速筋と持久力を担う「遅筋《ちきん》」の割合は、生まれつき決まっており、線維の数を増やすことはできないとされています。そのため、**筋トレによって速筋を太くする**というアプローチで速筋の筋量を増やします。

速筋を増やすと、**「乳酸」の産生能力が高くなる**というメリットもあります。乳酸やLT値についてはP94で詳しく説明しますが、負荷が高いスピードで走るほど、エネルギー代謝の副産物として乳酸が発生し、それを処理しながら走る能力が高ければ高いほど、速く長く走れるというもの。速筋は乳酸を生み出す**「解糖系《かいとうけい》」**というエネルギー回路を多く持っているので、速筋が増えれば速く走れる能力がアップするというわけです。

だとすると、速筋が多いマッチョが有利では？　という疑問が生じます。しかも筋肉の収縮速度は筋肉の長さに比例するという説もあり、であれば身長が高く、マッチョなランナーが速いということになります。

しかし、実際のトップランナーのカラダはそうではありません。これは、大きくて長いものほど操作しづらいという慣性モーメントが影響しているものと思われます。

結論として、スピードを底上げしたい長距離ランナーは、**筋トレで速筋の筋量を上げ、扱いやすいバランスで、カラダをつくる必要がある**といえるでしょう。

筋肉の組成について

筋肉には性能の異なる線維が3つある！

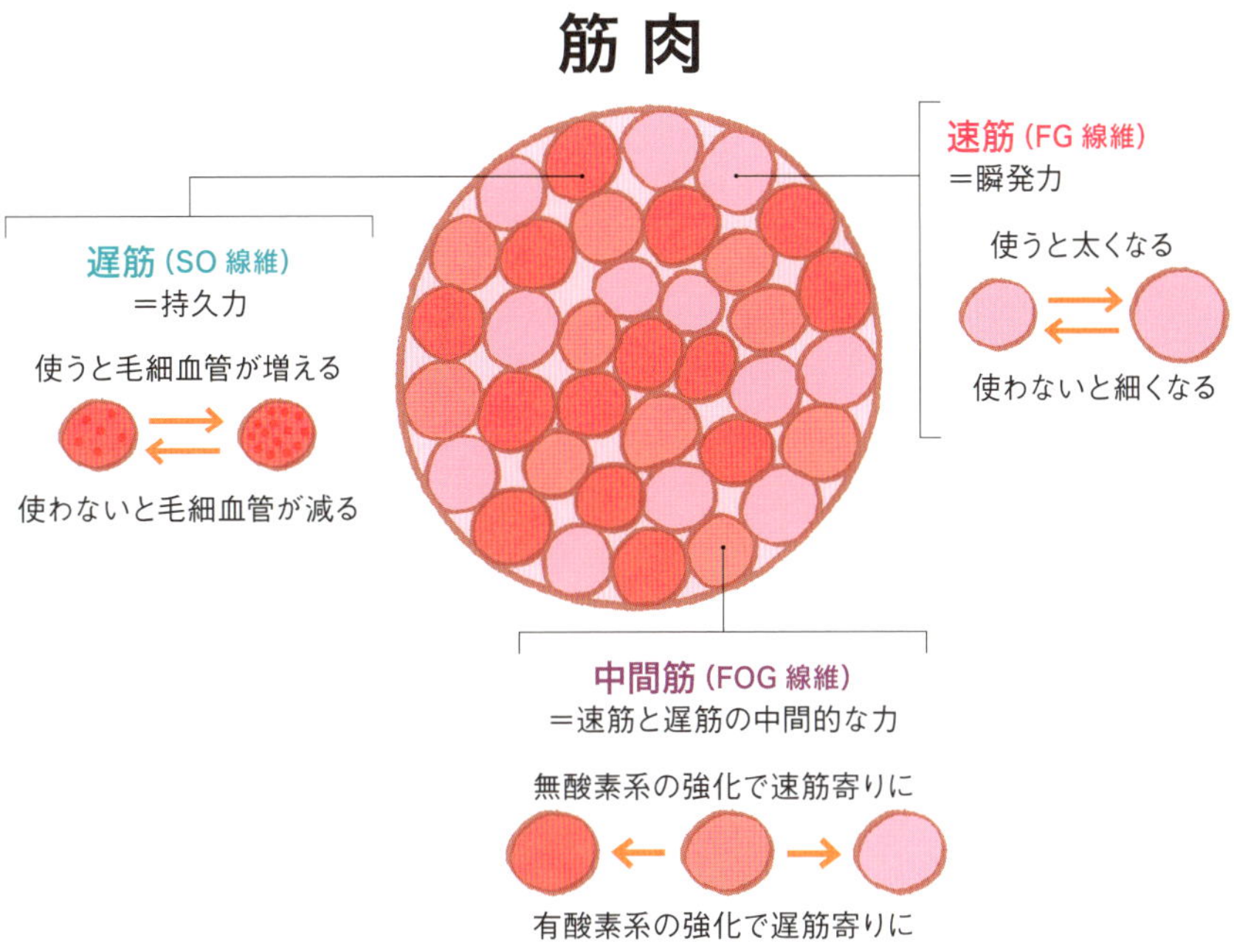

速筋と遅筋の割合は生まれつきのものなので変化しない！

速筋	FG線維	筋肉の伸張速度が速く、瞬発力に富む＝疲れやすい
	FOG線維	筋肉の伸張速度が速く、FG線維より持久力がある
遅筋	SO線維	筋肉の伸張速度は遅いが、持久力に富む

エネルギー供給と筋肉の関係

エネルギーをつくる回路も筋肉によって変化する！

エネルギーの元「ATP」を合成する3つの回路

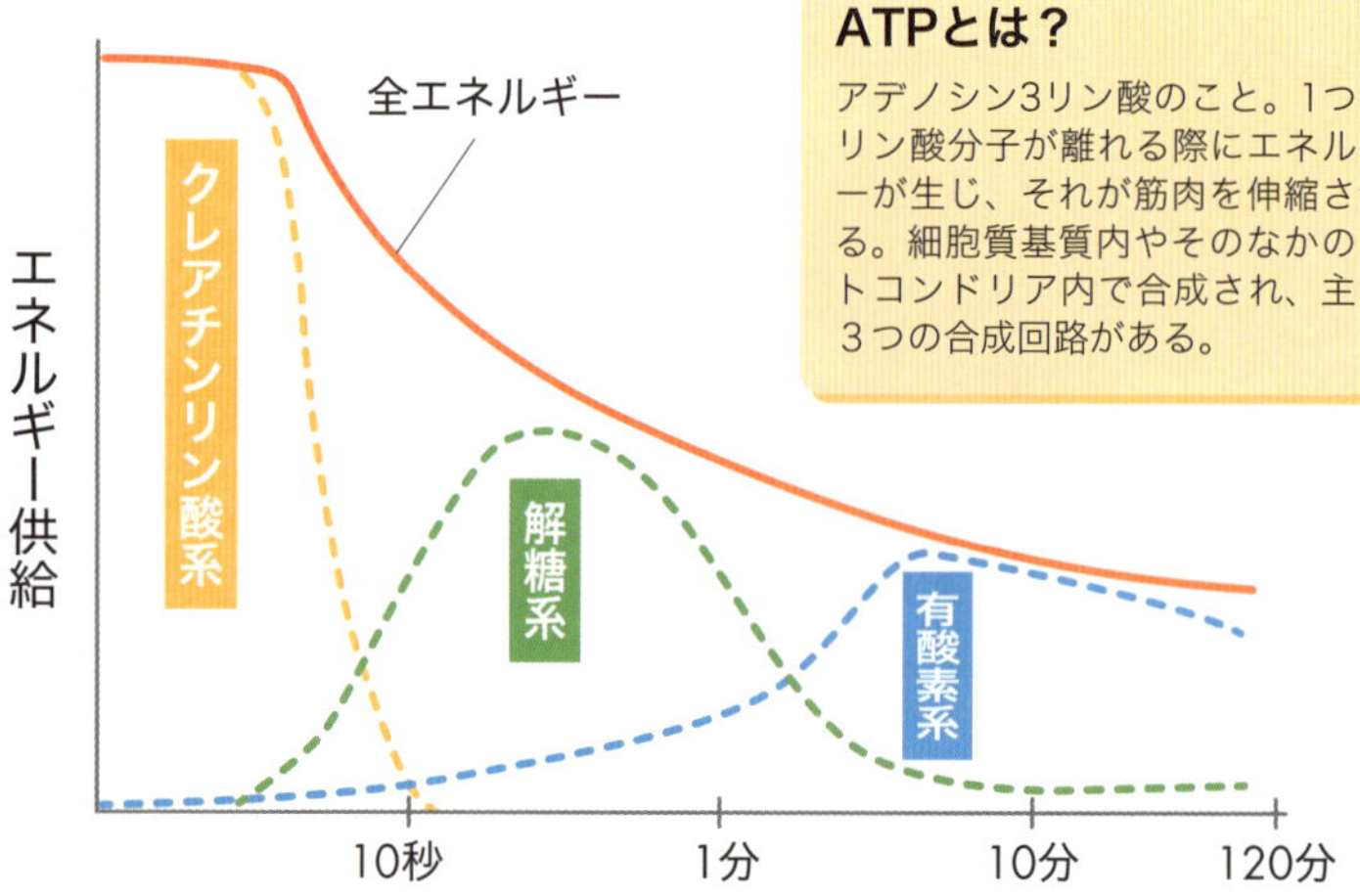

ATPとは？

アデノシン3リン酸のこと。1つのリン酸分子が離れる際にエネルギーが生じ、それが筋肉を伸縮させる。細胞質基質内やそのなかのミトコンドリア内で合成され、主に3つの合成回路がある。

クレアチンリン酸系	解糖系	有酸素系
ATP 合成過程で酸素の利用なし	ATP 合成過程で酸素の利用なし	ATP 合成過程で酸素の利用あり
合成場所は細胞質基質内	合成場所は細胞質基質内	合成場所はミトコンドリア内
ATP 合成量はわずかだが、合成速度は非常に速い	ATP 合成量はやや少ないが、合成速度は速い	ATP 合成量は多いが、合成速度は遅い
ほぼ全力での運動時に主に**速筋**で合成	LT 強度以上で割合が増え、主に**速筋**で合成される	LT 強度（P94）以下で主に**遅筋**で合成
速筋	**速筋**	**遅筋**

↓

代謝物として乳酸が出る

乳酸は再合成され、ATP 合成の材料として再利用される。

スピードそのものは「筋肉」から生まれる！

「乳酸＝スピード」ってどういうこと？

乳酸を出し、エネルギーとして再処理しながら走れる能力が重要！

走行距離と血中乳酸の関係

距離	血中乳酸
フルマラソン	2～2.5mmol／ℓ
ハーフマラソン	3.5～4.5mmol／ℓ
10km走	5～6mmol／ℓ
5000m走	7～8mmol／ℓ
3000m走	9～10mmol／ℓ
1500m走	12mmol／ℓ以上

走行距離が短いほど、スピードは速くなり、長いほど遅くなる。速ければそれだけ速筋の動員が多くなるため、乳酸が出る量も増える。長距離の最速である1500m走で12mmol／ℓの乳酸を出せるランナーが、もし10kmを走れば、5mmol／ℓのスピードはかなりラクに感じ、余裕度が高い。ところが1500mで5mmol／ℓしか出せないランナーは、10kmでもマックスに近い負荷を感じることに。乳酸を多く出せるということは速筋の動員が多く、しかも乳酸を体内で処理しながら運動を継続できるということ。処理能力を高める前に乳酸を出す量を増やさないといけないが、そのためには筋トレなどで速筋の筋肉量を増やすことも考える必要があるだろう。

乳酸を出せるランナーは速い？

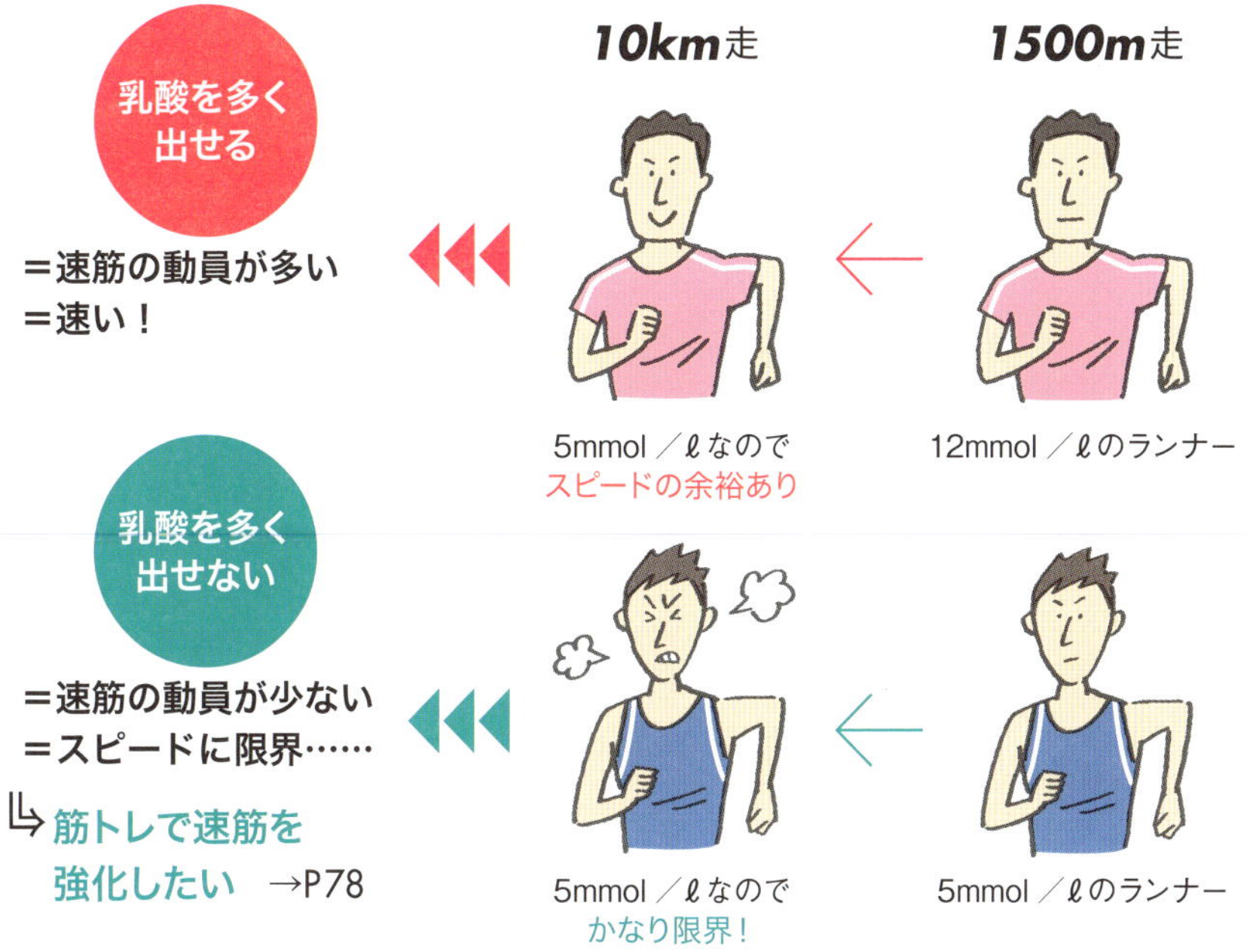
10km走
1500m走
乳酸を多く出せる
＝速筋の動員が多い
＝速い！
5mmol／ℓなので
スピードの余裕あり
12mmol／ℓのランナー
乳酸を多く出せない
＝速筋の動員が少ない
＝スピードに限界……
筋トレで速筋を強化したい →P78
5mmol／ℓなので
かなり限界！
5mmol／ℓのランナー

ランナーに適したカラダづくりとは？

スピードのあるランナーになるためには、どのようなカラダを目指すべきか？

筋線維の長さと太さがスピードに影響！

身長が高い

動きで走る

身長が高いランナーは、ストライドが広い分ピッチを抑えられる。筋肉が長く収縮速度が速い反面、身体パーツが長く慣性モーメントの影響を受けやすいのでカラダは軽いほうがよい。パワーよりも動きで走る感覚が適している。一方、身長が低いランナーは、ストライドが短くなる分、ピッチの回転を速くする必要がある。そのため、筋量を増やしてパワーで走る感覚となる。つまり、身長が高いほどBMIは低値、身長が低いほどBMIは高値が望ましい。

身長が低い

パワーで走る

身長とBMIの考え方

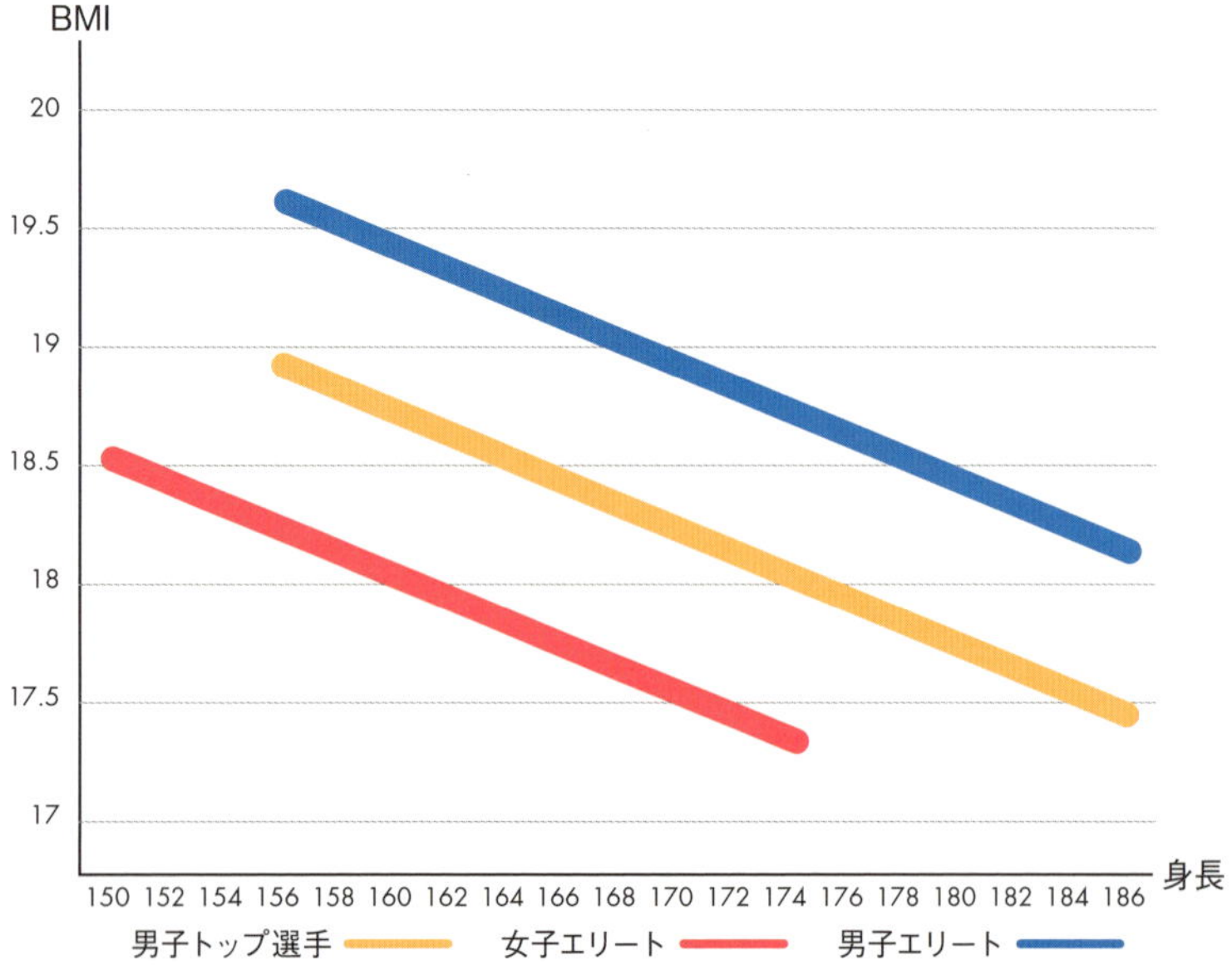

カラダづくりの基準として、BMI（肥満指数）を参考にしてもよい。トップアスリートの場合は、17～18の数値になっている。自分のレベルに合わせ、速く走れる適切な体重に管理することも記録につながる。

大迫傑＝170㎝／52㎏＝18.0
高岡寿成＝186㎝／64㎏＝18.5
野口みずき＝150㎝／41㎏＝18.2
高橋尚子＝163㎝／46㎏＝17.3

感覚と動きを一致させる！

PART 2

フォーム修正 エクササイズ&ドリル

フォームの感覚と動きを身につけるために必要なエクササイズ&ドリルを紹介！　すべての種目は8カウント×2〜3セットを目安に実践しよう！

INDEX

01

フォーム修正エクササイズ&ドリル

ディアゴナル

カラダの前面&背面の機能をアップさせる

1

四つんばいから対角の腕と脚を前後に伸ばす

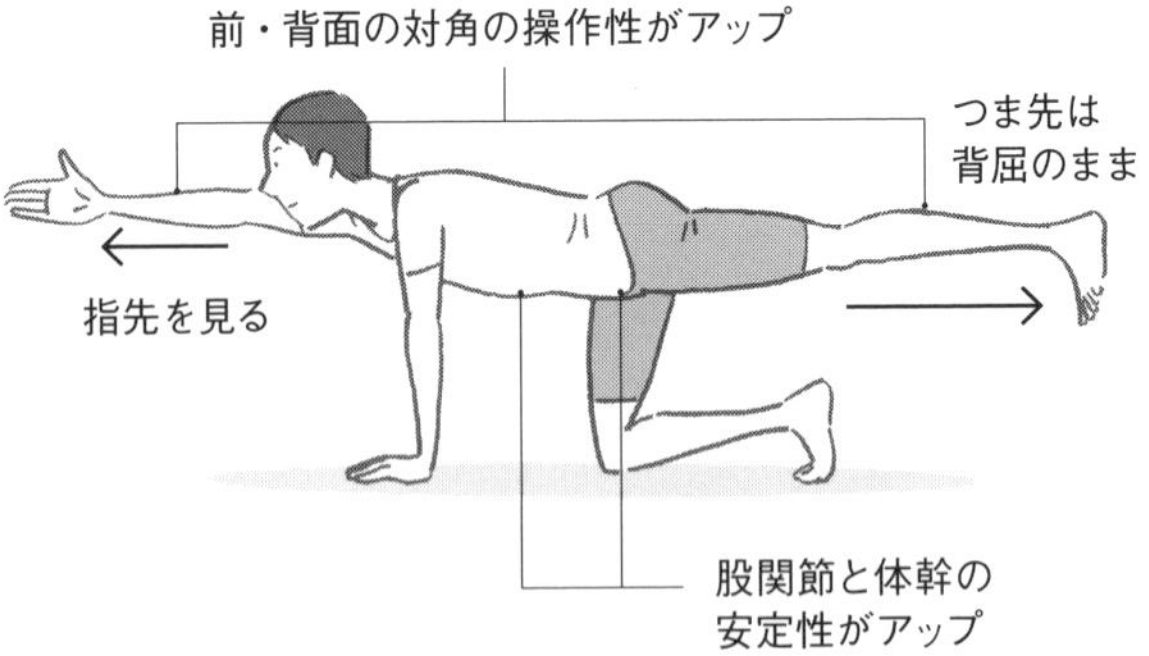

前・背面の対角の操作性がアップ
つま先は
背屈のまま
指先を見る
股関節と体幹の
安定性がアップ

しっかり頭を下げる

2

伸ばした腕と脚を引きつけ、全体を丸める

3

呼吸は伸びるときに吸い、引きつけるときに吐く

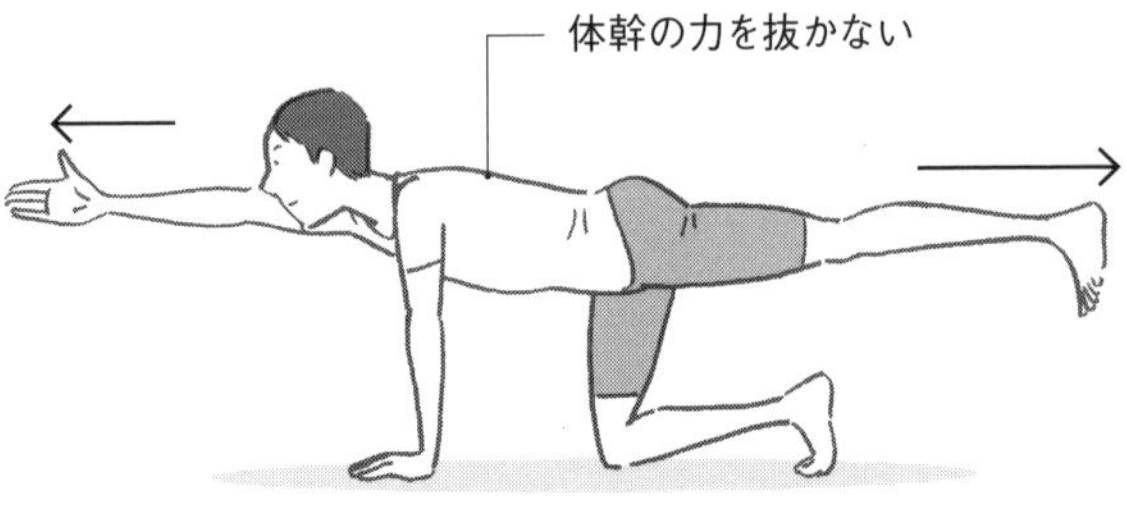

体幹の力を抜かない

フォーム修正エクササイズ&ドリル 02

サイドプランク

カラダの前面&側面の機能をアップさせる

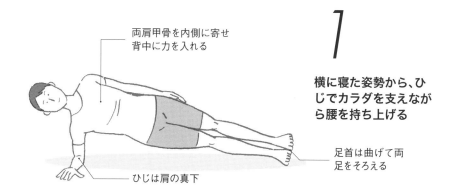

1

横に寝た姿勢から、ひじでカラダを支えながら腰を持ち上げる

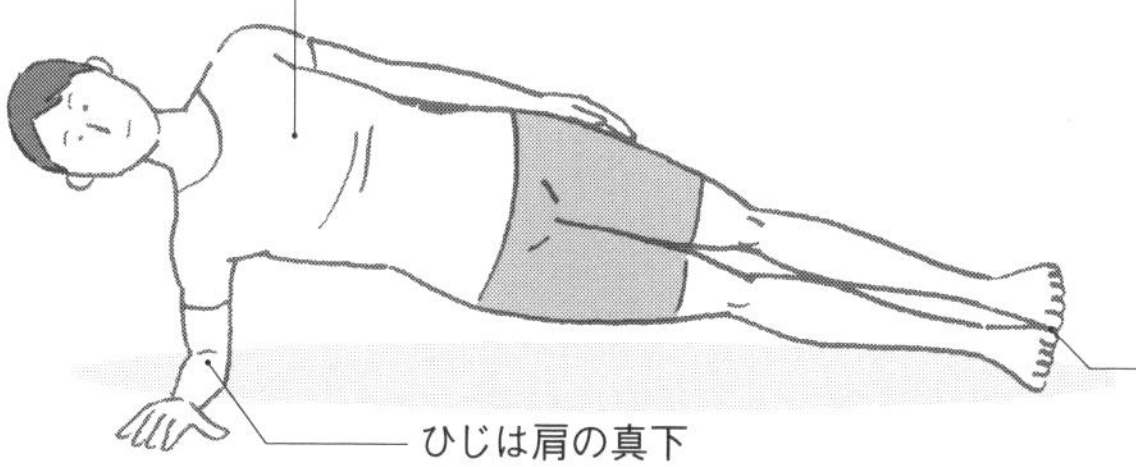
両肩甲骨を内側に寄せ
背中に力を入れる
足首は曲げて両
足をそろえる

2

支持側のひじと足の側面で床を押しながら脚を上げ下ろす

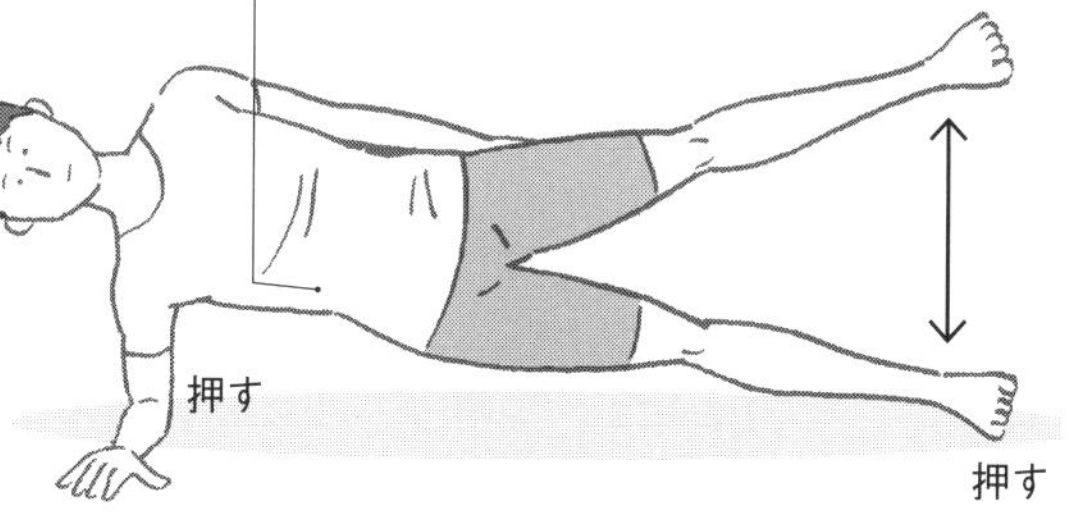
体側が強化され、フォームの横ブレを改善

腕がカラダに近づくほど負担が増す!

弱

真上に伸ばす

中

腰に当てる

強

体側につける

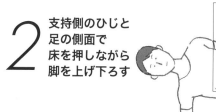

フォーム修正エクササイズ&ドリル 03

その場スイング

腕と脚を振り出すときの地面の押し方を身につける！

1 **その場で片脚を前後に振り上げ、両腕も前後に振る**

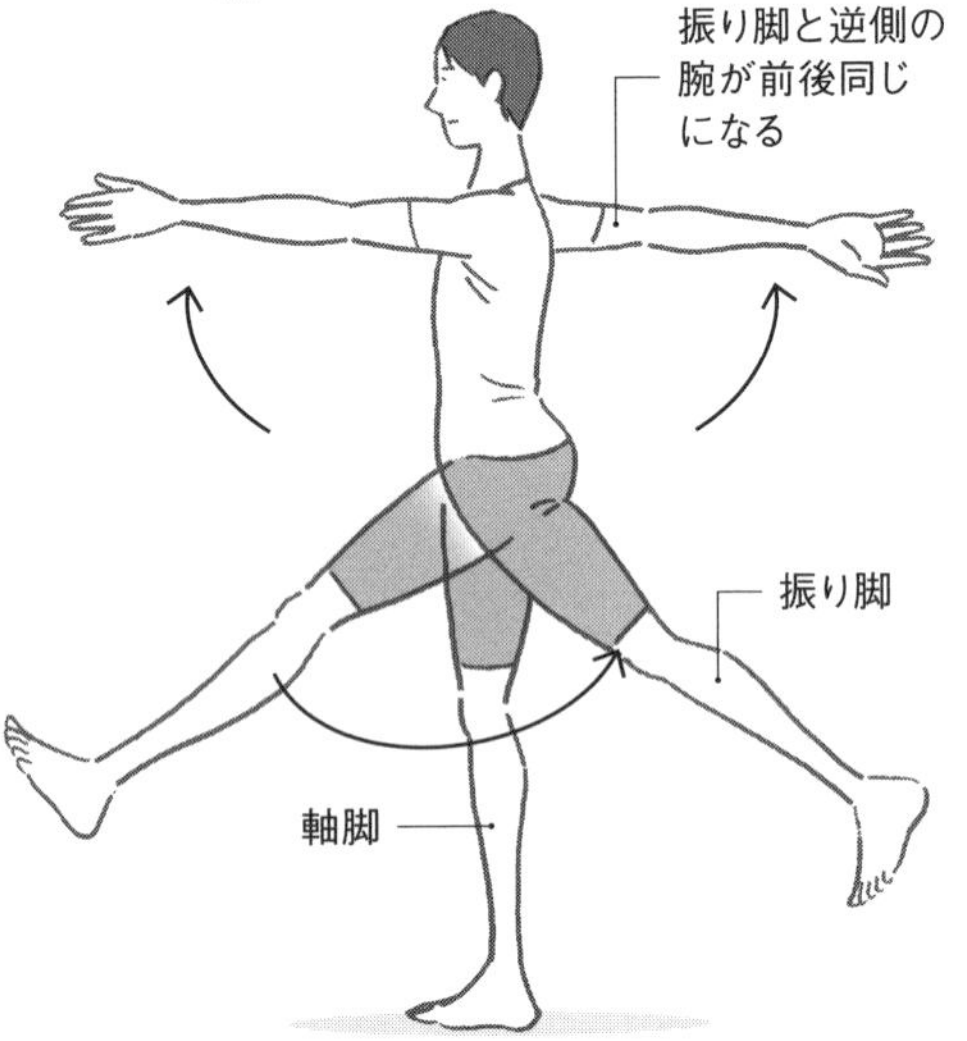

8カウント反復

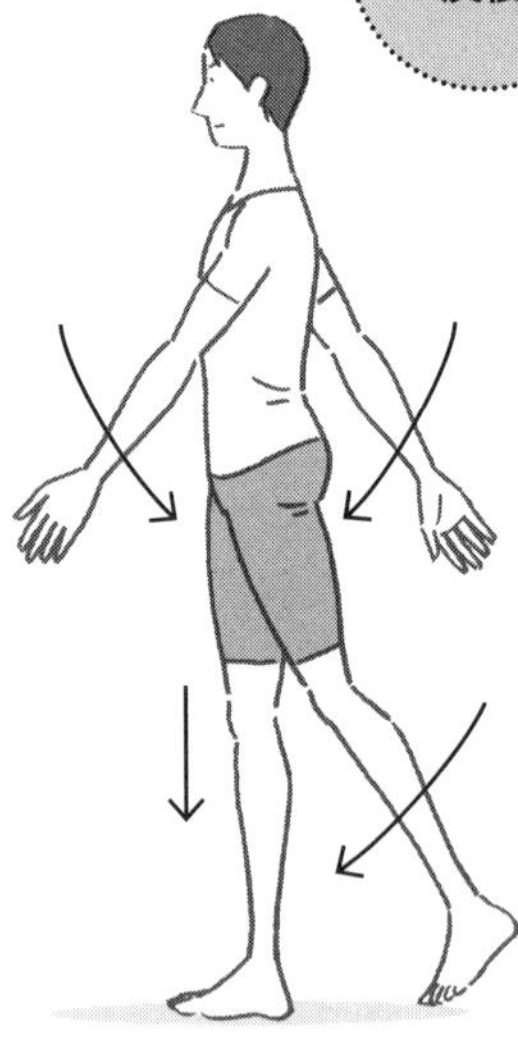

2 **次に脚を前に振り出す直前に軸脚を伸ばしたまま力をためる**

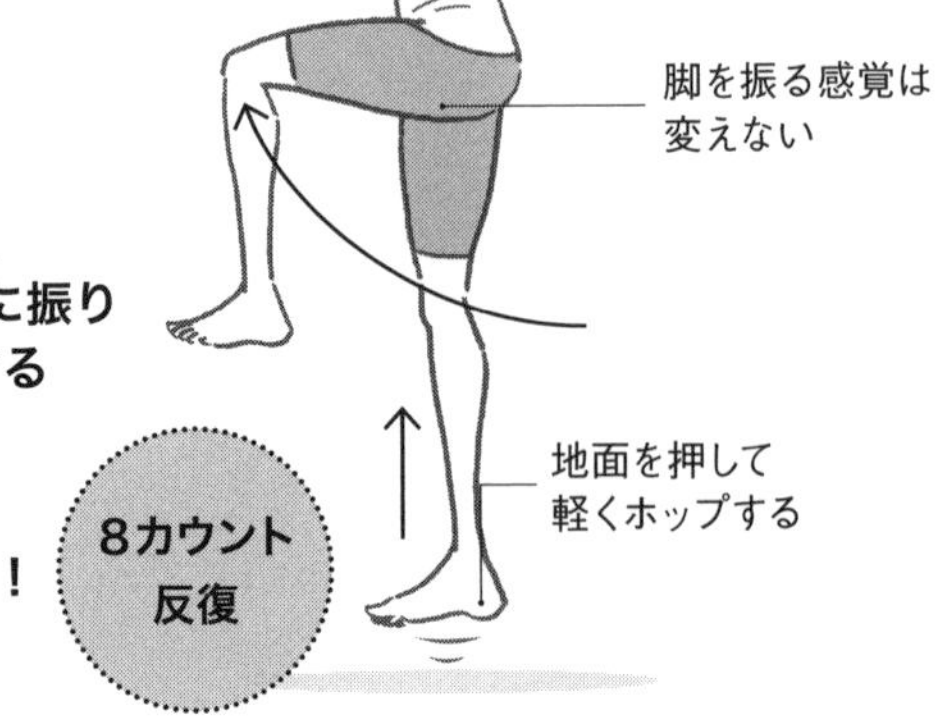

3 **軸脚で地面を押しながら、振り脚のひざを曲げて前に振り上げ、同時に軽くホップする**

慣れたら軸脚で前に跳んで移動しながら行うのもおすすめ！

8カウント反復

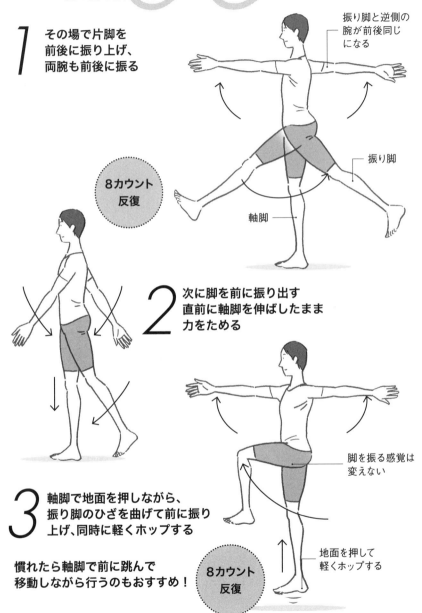

フォーム修正エクササイズ&ドリル 04

肩回しウォーク

後ろ脚の地面押しと上体の連動感覚を養う!

1 両手を肩に当て、右脚で地面を押しながら右胸を前に出すように右肩を前に回す

上から前に肩を回す
右胸を前に出す
下から後ろに
肩を回す
右脚で地面を
後ろに押す

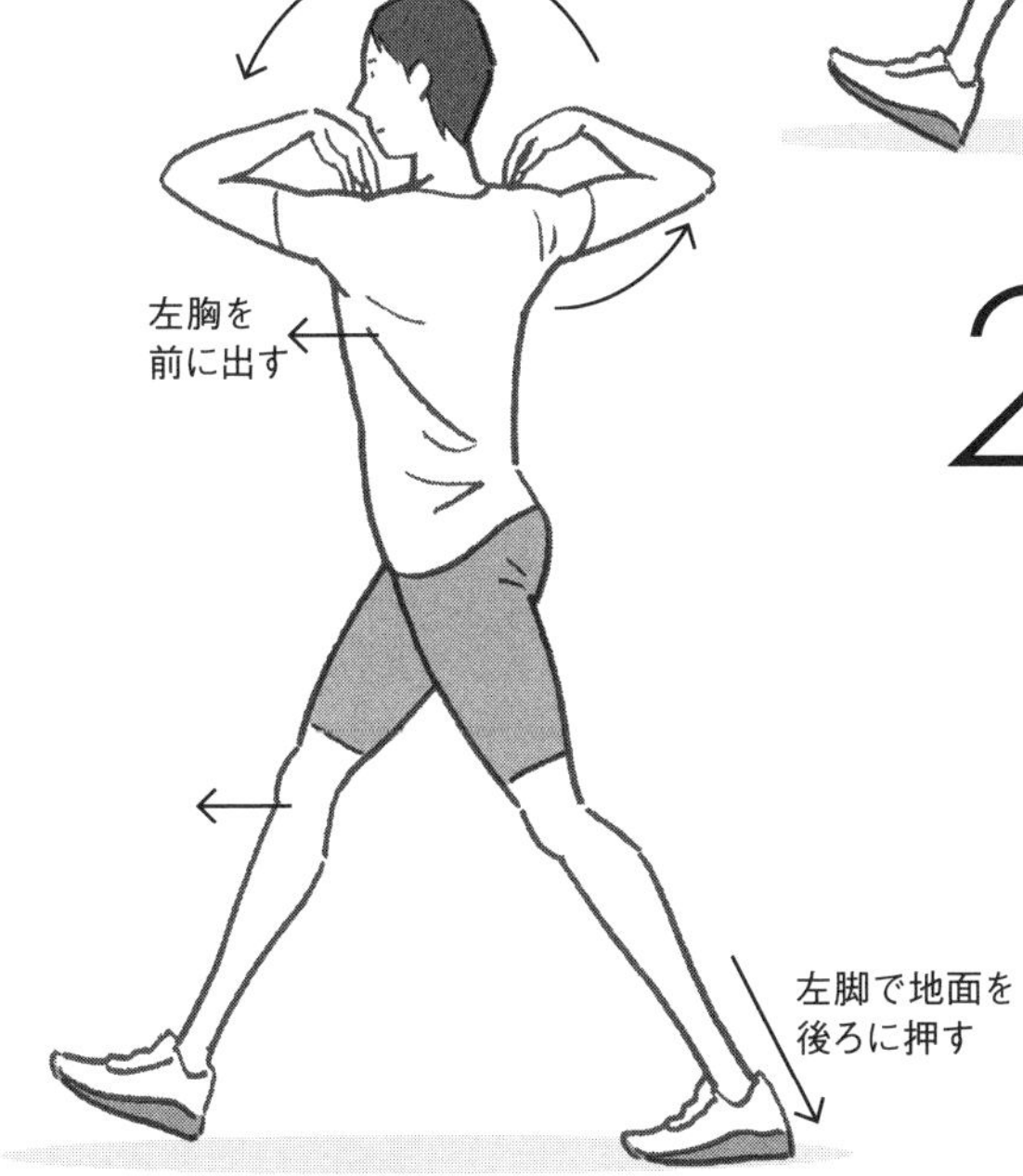
左胸を
前に出す
左脚で地面を
後ろに押す

2 左右交互に肩を回しながら歩みを進めていく

慣れたら肩の後ろ回しもやってみよう!

05

フォーム修正エクササイズ&ドリル

ツイストランジウォーク

股関節の動きを高め、上体とのバランスを改善！

1 **3歩目で大きく踏み込んで腰を落とし、肩を動かしながら上体をひねる**

1歩
2歩
3歩
1・2・③歩
4・5・⑥歩
↑ココでツイスト！
リズムよく行う

3歩単位で左右交互に反復

肩を動かし、上体をしっかりひねる
背中が丸まらないよう意識
上体のひねりを加えることで股関節を機能的に広げやすくなる

フォーム修正エクササイズ&ドリル

06

前歩き回し

歩きながら股関節の「後ろ→前」の動きを高める！

1 後ろ脚をサイドから回し込むように持ち上げる

2 持ち上げたひざが前に来たところで逆側の手でさわる

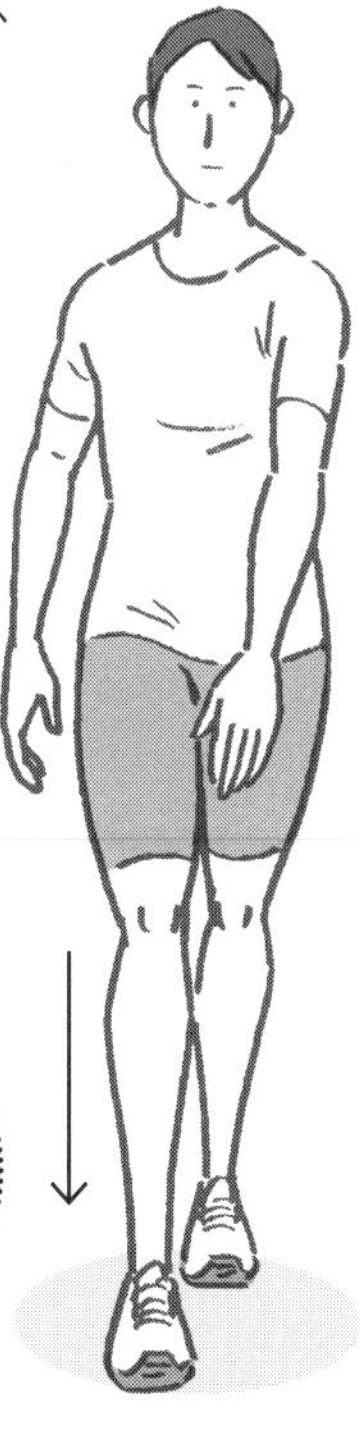

3 そのまま脚を前に下ろす

左右交互に行って歩みを進めていく

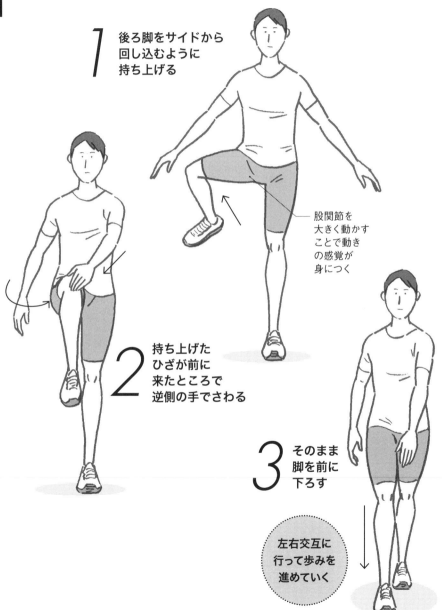

07

フォーム修正エクササイズ&ドリル

後ろ歩き回し

歩きながら股関節の「前→後ろ」の動きを高める!

1 **片ひざを前に持ち上げ逆側の手でさわる**

股関節が
大きく動く

2 **持ち上げたひざをサイドに回す**

3 **サイドに回した脚を後ろに下ろす**

骨盤も股関節の

左右交互に行って後ろに進んでいく

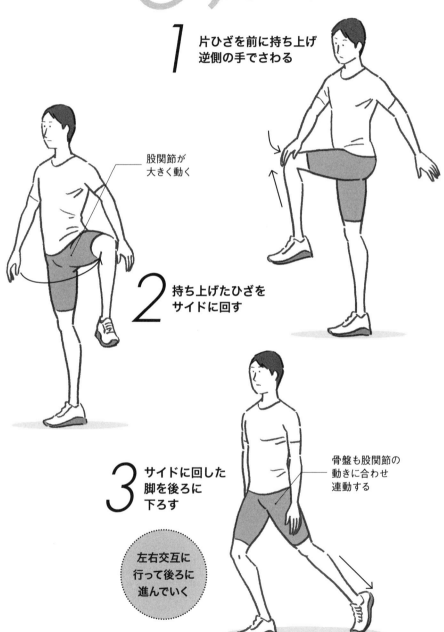

フォーム修正エクササイズ&ドリル 08

ギャロップ

上下の動きの連動性を高める！

1 勢いをつけて

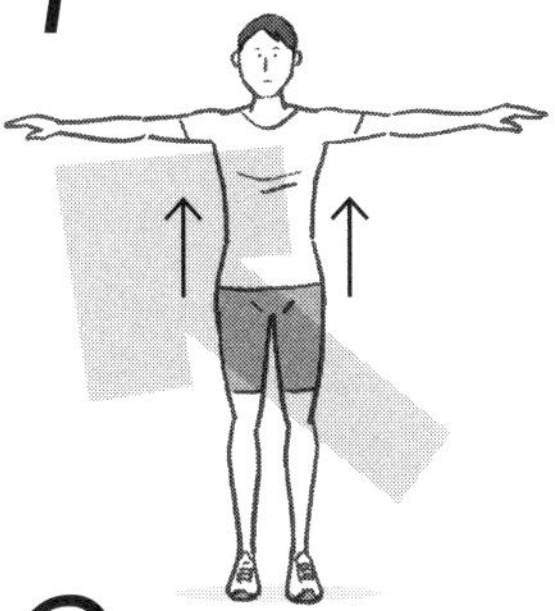

2 サイドステップをしながら

踏み込みで
沈み込む

3 両腕を大きく内回し

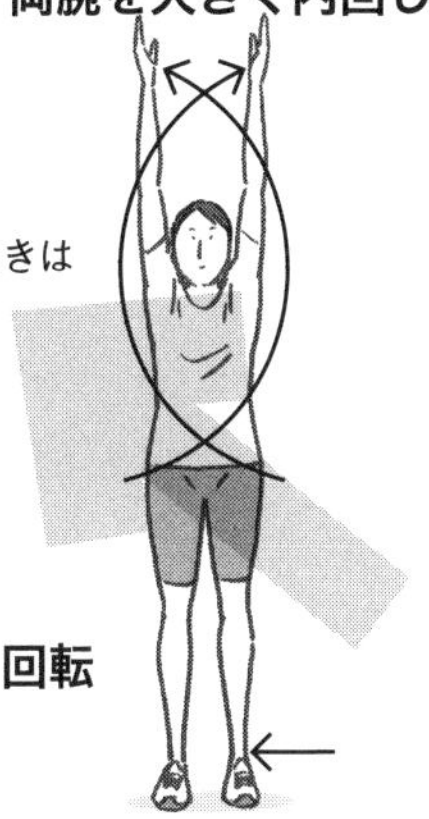
腕が上にあるときは
カラダも浮く

4 踏み込みに合わせ腕を振り下ろし

5 2ステップで腕が1回転

外回しも行う

内回し&外回しで4歩進んだら、カラダの前後の向きを変えて同様に4歩進む

09

フォーム修正エクササイズ&ドリル

振り出し

脚を振り出す動きとカラダ全体の動きを調和させる!

1 左右の脚を交互にテンポよく前に振り出す

姿勢はまっすぐ
最初はひざを伸ばしたままま
着地は真下に

2 振り出しのテンポを維持したままひざ曲げのアクションを加える

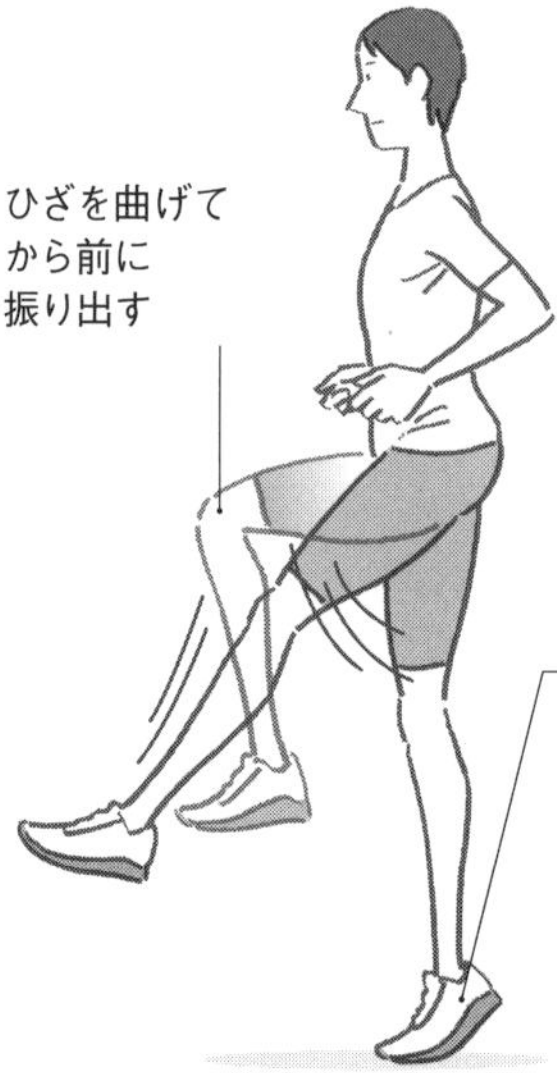
地面押しのバランスは崩さない

3 素早く振り戻して着地

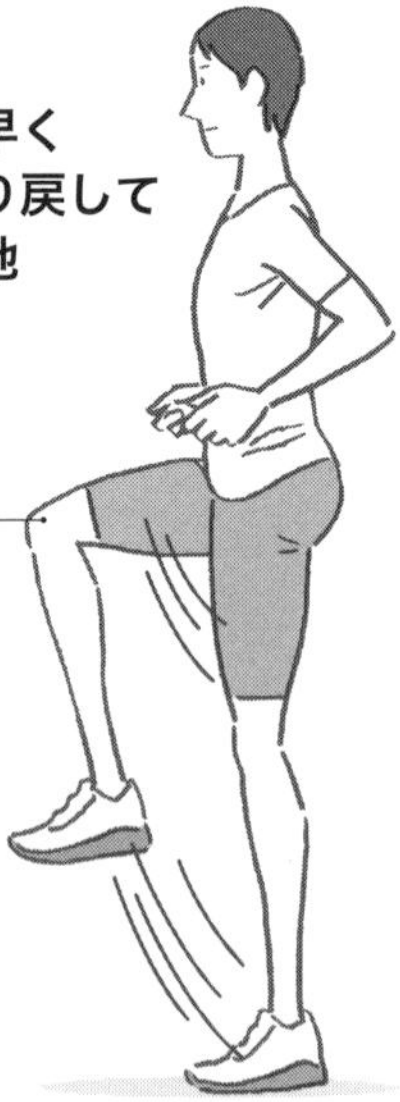
ひざの力を抜かないとうまくできない

ひざを伸ばした状態でテンポをつくり、その後、ひざ曲げ動作を加えていく

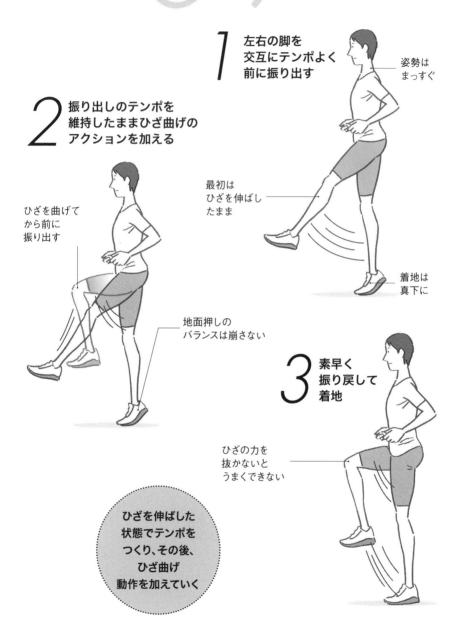

10

フォーム修正エクササイズ&ドリル

レッグクラップ

カラダの前・背面の力を切り替え、全体を調和させる！

1 バンザイをしながら振り脚を後ろへ

肩甲骨を意識
反るのではなく、背中の力を使って伸びる
腹筋の力で引きつける
スキップの要領で軽くホップ

2 振り上げた脚の下で拍手。続いて軸脚を切り替えてテンポよく反復する

フォーム修正エクササイズ&ドリル 11

スキップ

地面を強く押せる推進力のある動作感覚を養う！

A 同側の腕と脚を大きく動かすスキップ

B 対角の腕と脚を大きく動かすスキップ

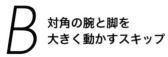

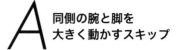

12

フォーム修正エクササイズ&ドリル

バウンディング

カラダの軸がブレない力強い走りにつながる!

1 **その場で両脚ジャンプ**

接地時間の短いジャンプ

2 **その場で片脚交互ジャンプ**

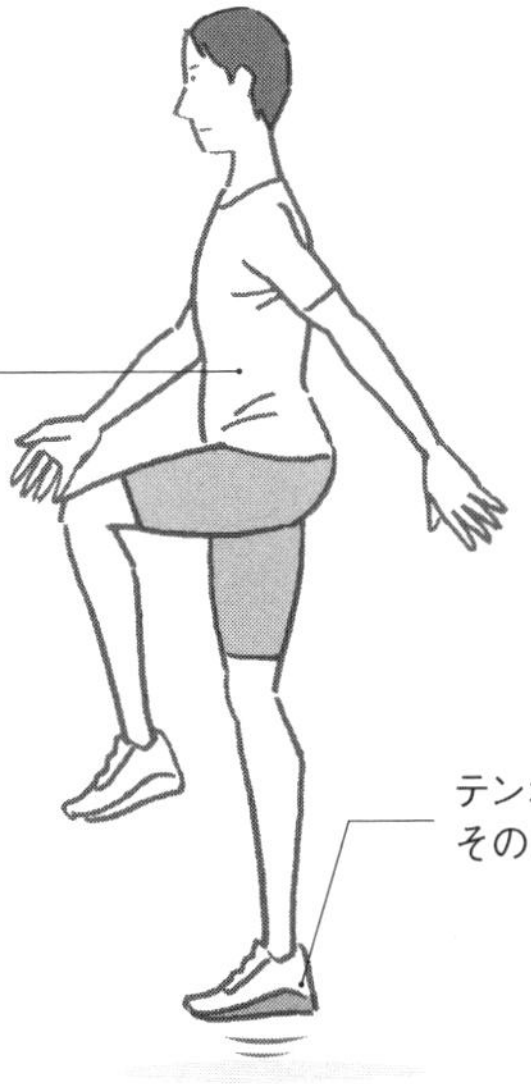
姿勢を崩さない
テンポはそのまま

3 **ジャンプの感覚を残したまま腕と脚の動きを強調して跳ねながら進む**

カラダの軸を崩さない

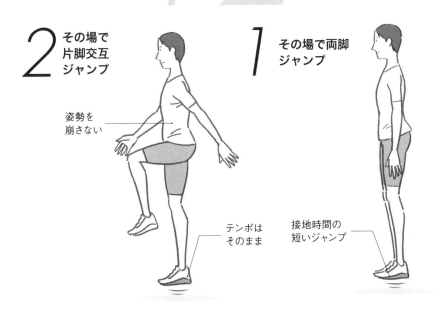

ランナー必須の筋力トレーニング

スピードそのものを底上げするには、筋トレで筋力を上げるしかない！
ランナーのスピードを高めるための筋力トレーニングをピックアップ！
各種目10〜20回×3セットを目安に実践しよう！

INDEX

ランナー必須の筋力トレーニング 01

スクワット

全身を強化して、姿勢の保持に役立てる！

1 肩幅で立ち、両腕を胸の前でクロス

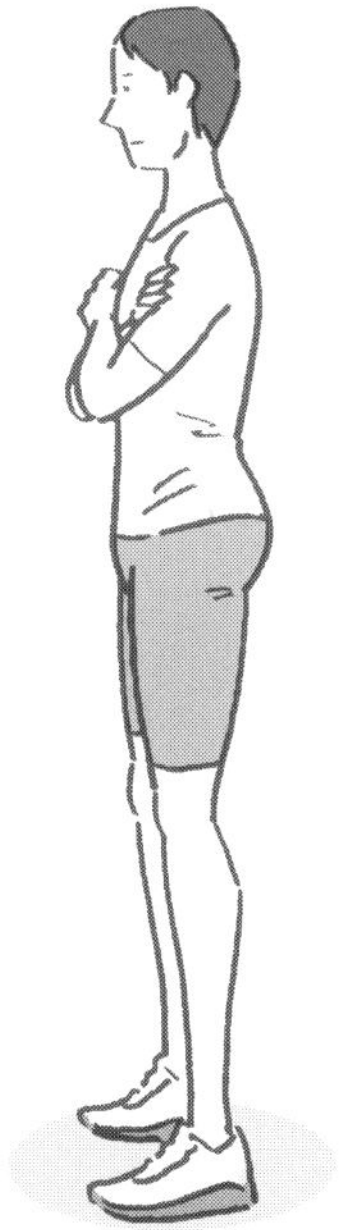

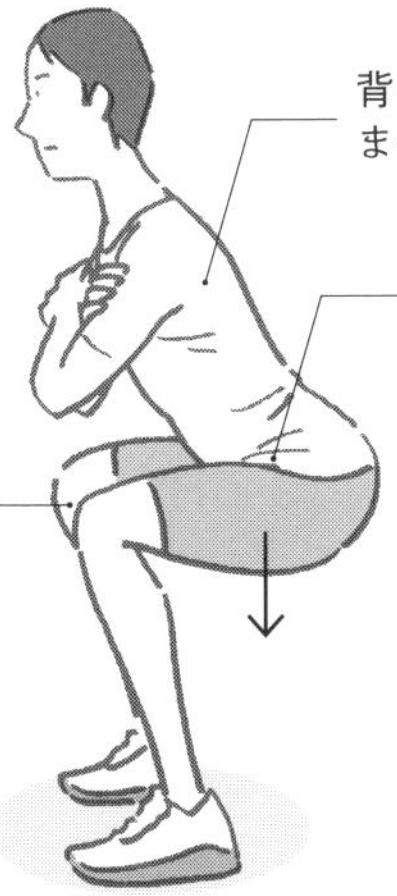

2 股関節を曲げ、ひざが90度になるまで腰を落とす

前面の筋肉に刺激が入る！

バンザイバージョン

ペットボトルを真上に持ち上げた姿勢で行うと、背面にも刺激が入る

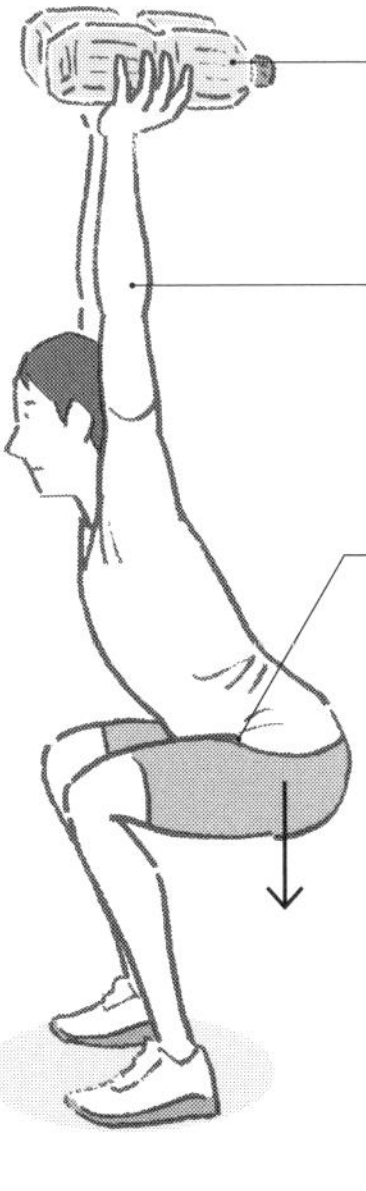

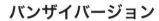

ランナー必須の筋力トレーニング 02

プッシュアップ

大胸筋を中心に体幹を強化し、腕振りと上体を安定させる！

1

両腕を伸ばしてカラダを支える

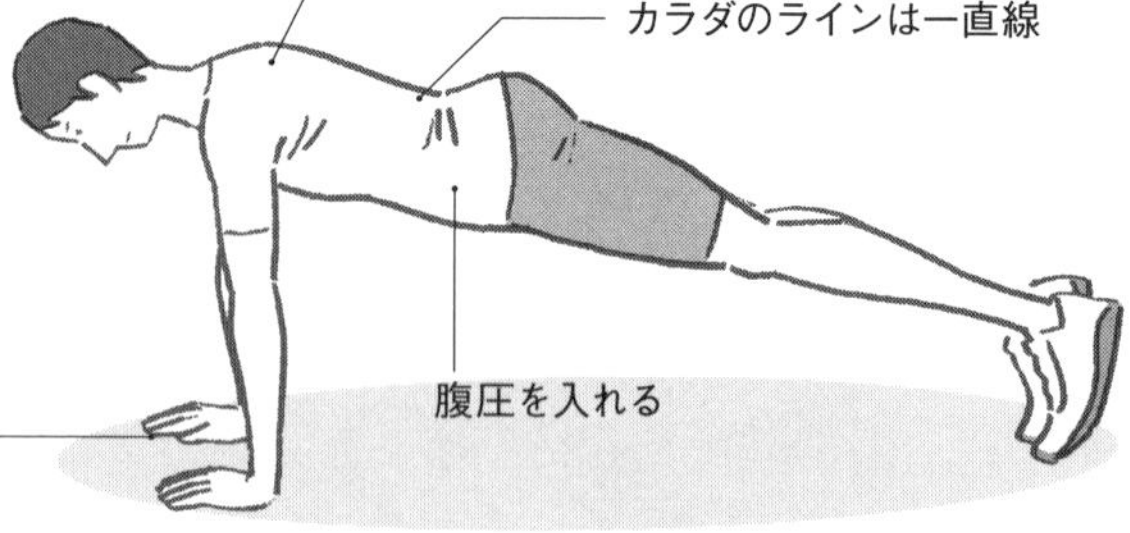
肩甲骨を開く
手幅は
ひじの幅が
基本

2

ひじを曲げて胸を床すれすれまで下ろす

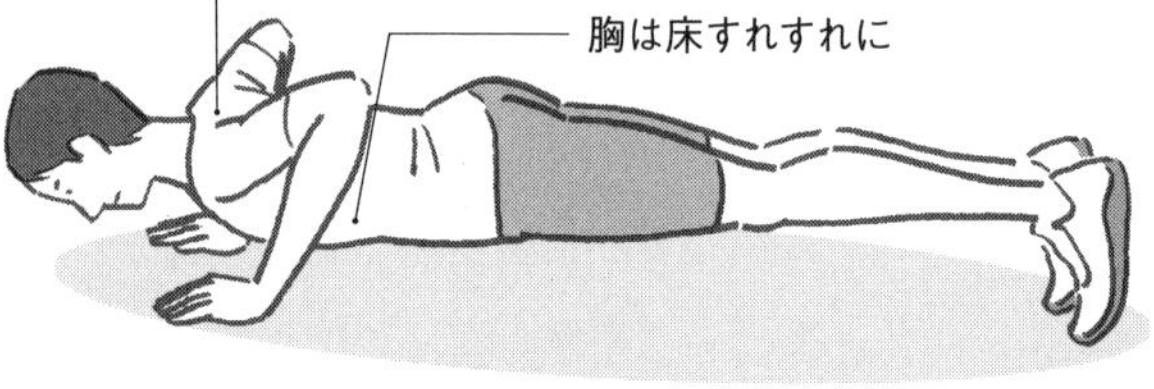
肩甲骨を寄せる

ジムに通っているならベンチプレスも有効！

ランナー必須の筋力トレーニング

03

リバースプッシュアップ

肩や上腕の裏側を鍛え、腕振りを安定させる！

1 後ろ向きでイスに両手をかけ、ひざを軽く曲げる

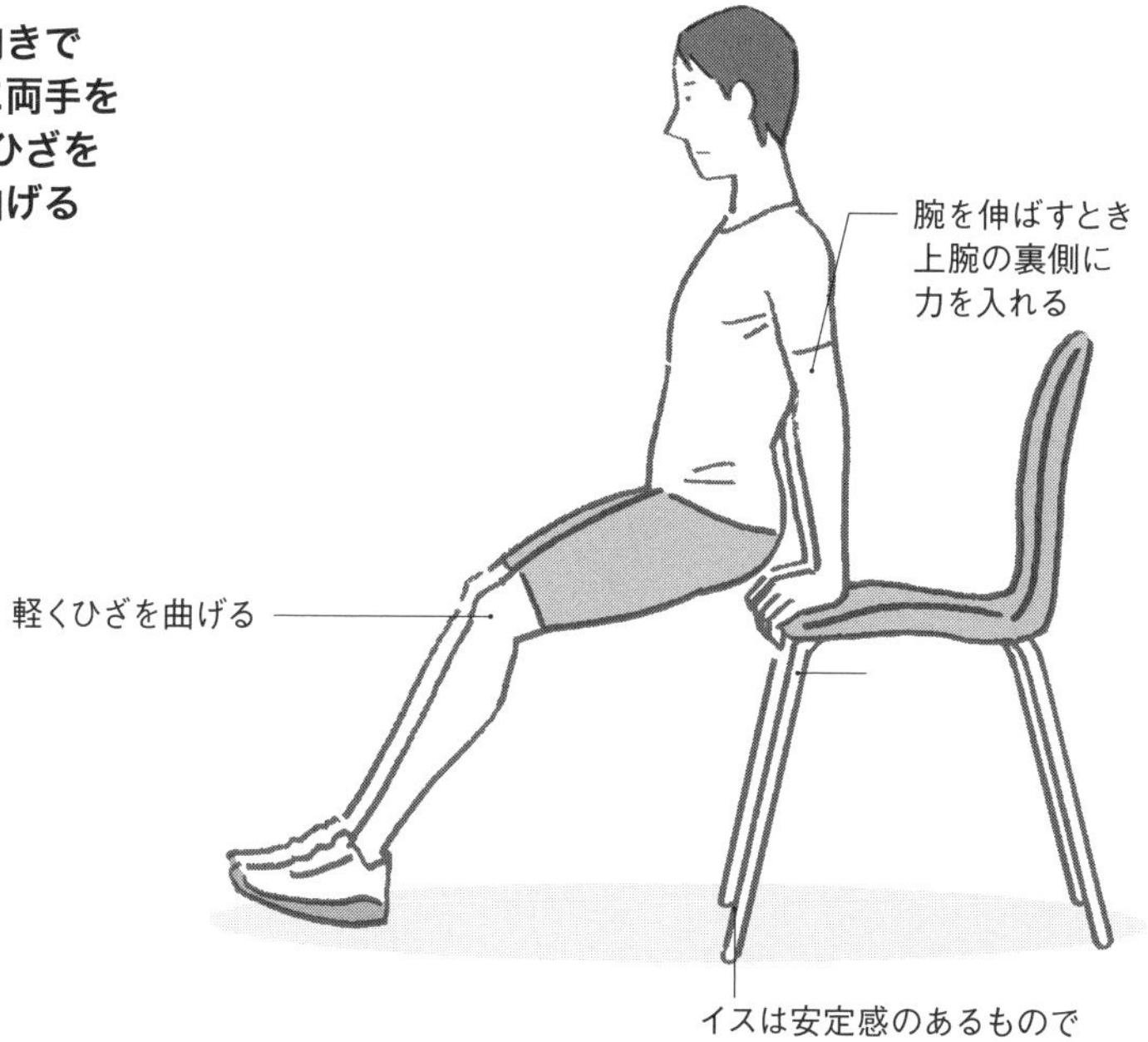
腕を伸ばすとき
上腕の裏側に
力を入れる
軽くひざを曲げる
イスは安定感のあるもので

2 ひじを曲げてまっすぐお尻を下ろす

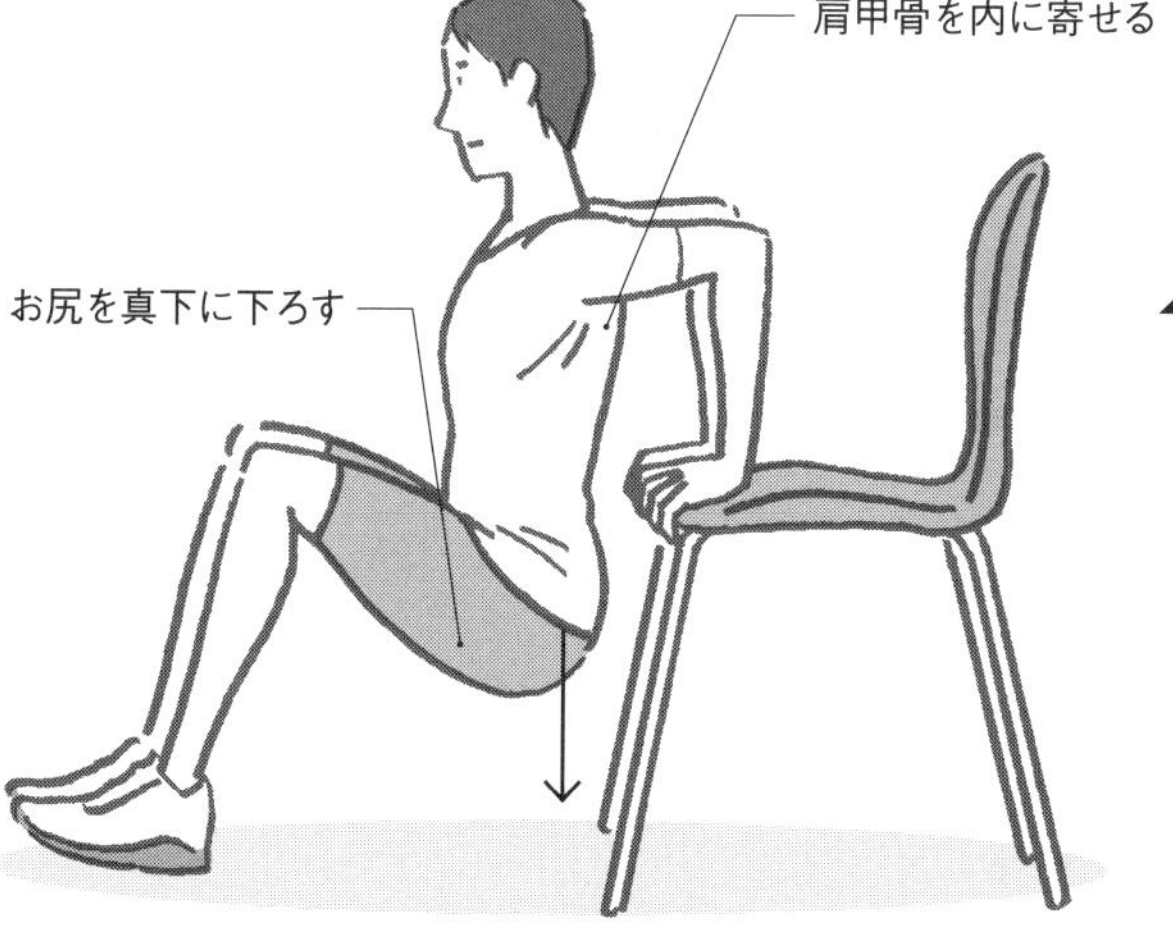
肩甲骨を内に寄せる
お尻を真下に下ろす

04

ランナー必須の筋力トレーニング

ロシアンデッドリフト

お尻ともも裏を刺激し、軸の安定とストライド拡大につなげる！

1 背中が丸まらないよう上体を倒す

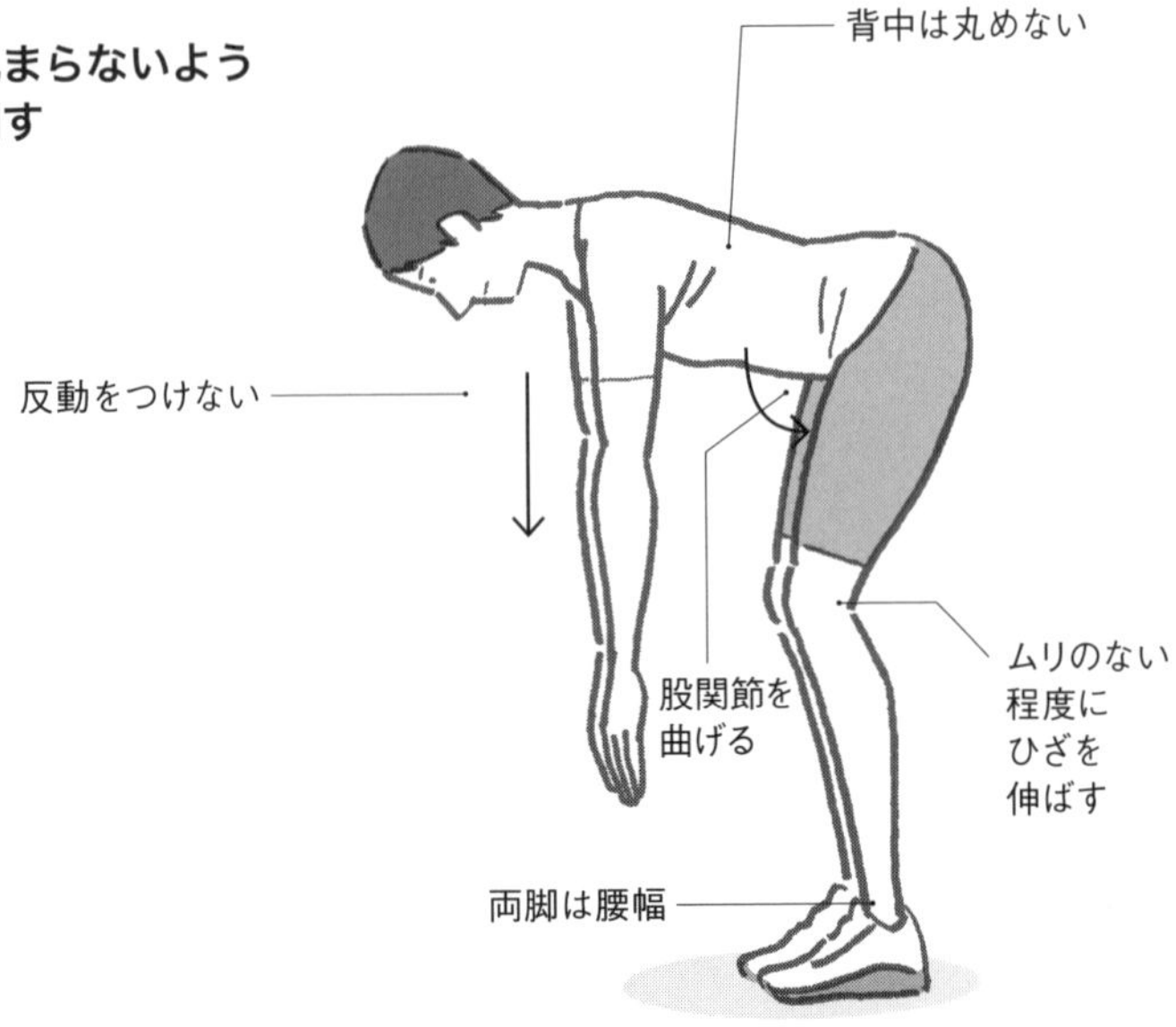
背中は丸めない
反動をつけない
股関節を
曲げる
ムリのない
程度に
ひざを
伸ばす
両脚は腰幅

2 もも裏が常に伸ばされた状態で上体を動かす

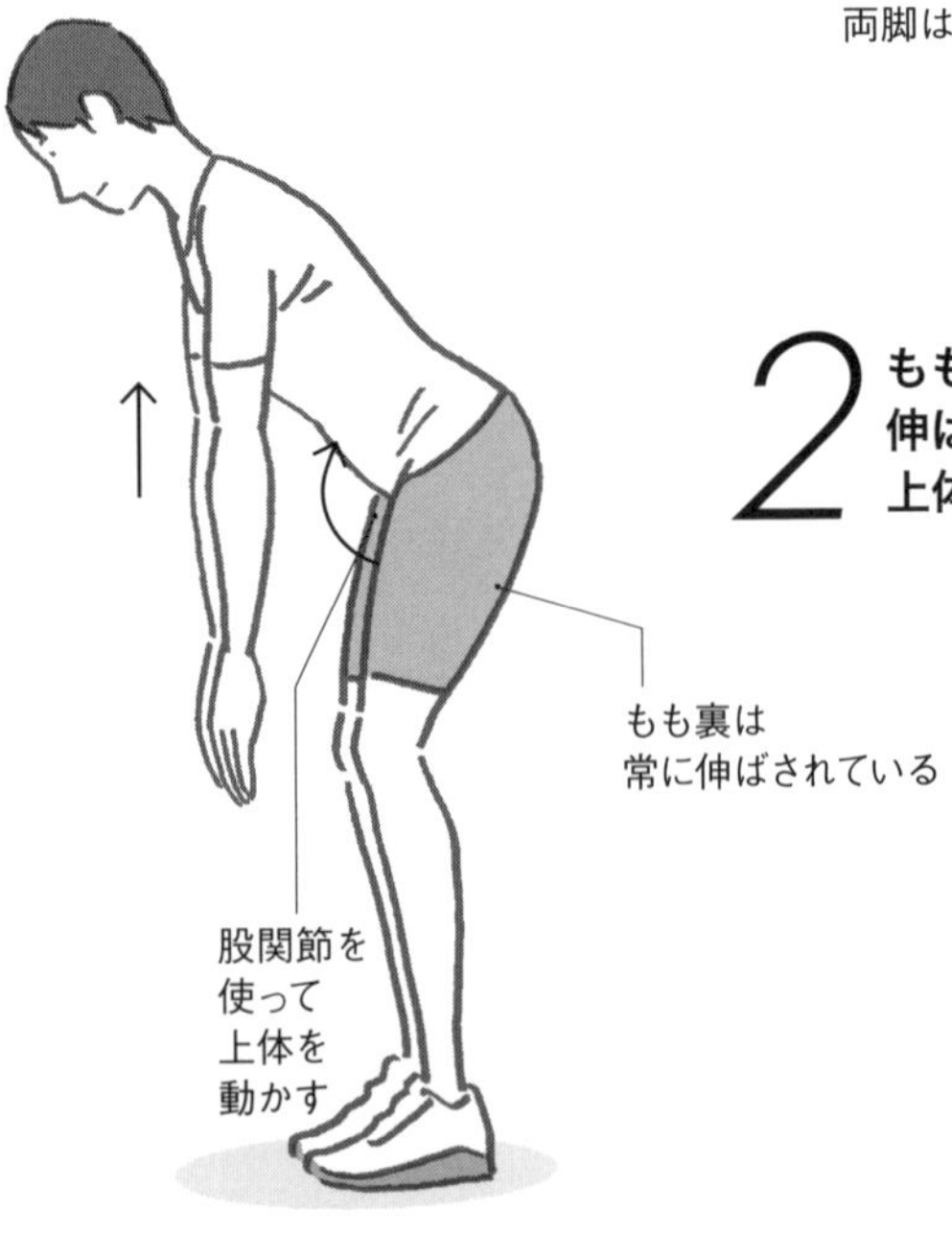
もも裏は
常に伸ばされている
股関節を
使って
上体を
動かす

05

ランナー必須の筋力トレーニング

スプリットスクワット

下半身の筋力強化と前後開脚時の姿勢保持！

1 両手にペットボトルを持ち、前後に開脚する

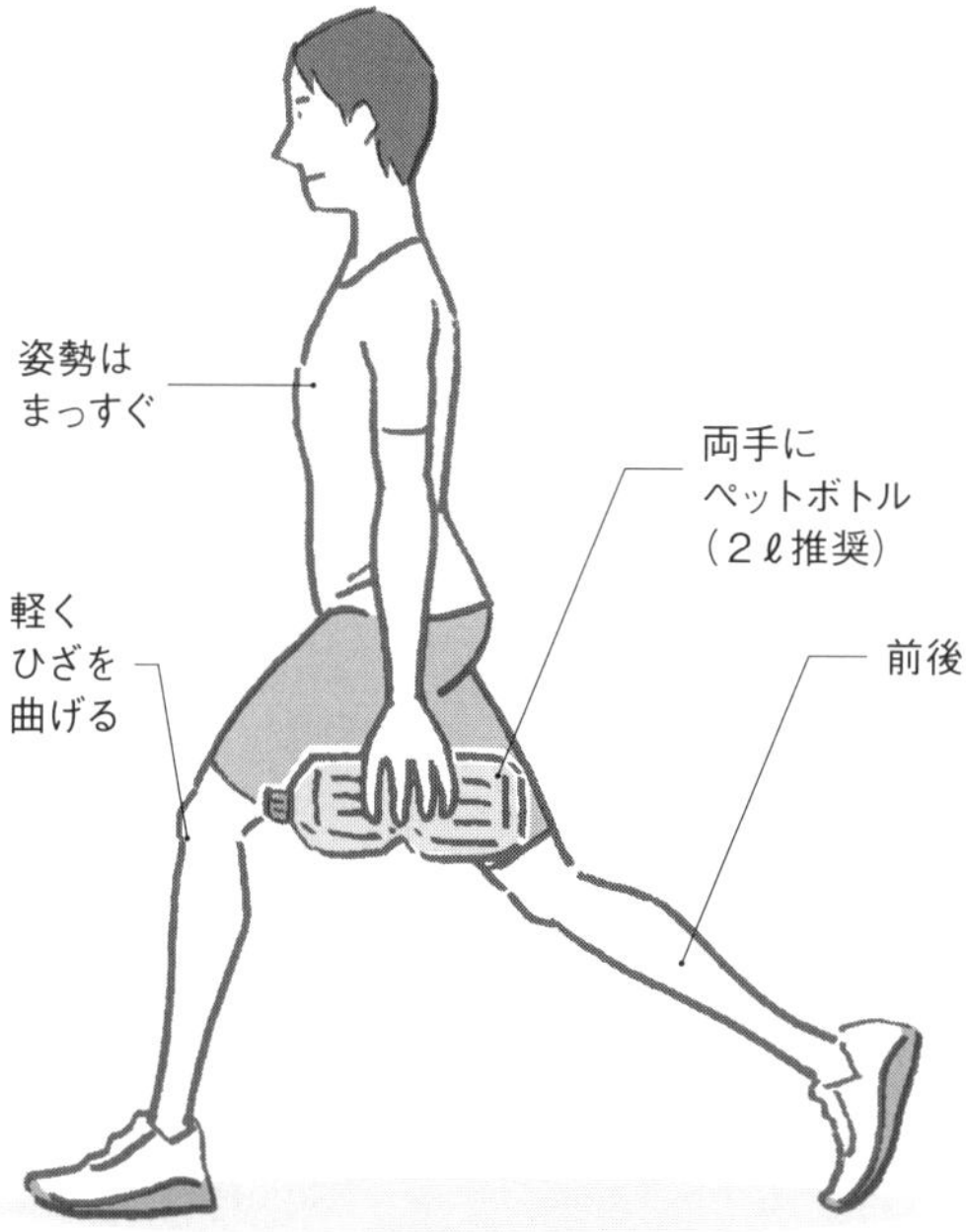
姿勢は
まっすぐ
両手に
ペットボトル
（2ℓ推奨）
軽く
ひざを
曲げる
前後に大きく開く

2 前のひざが90度になるまで真下に腰を落とす

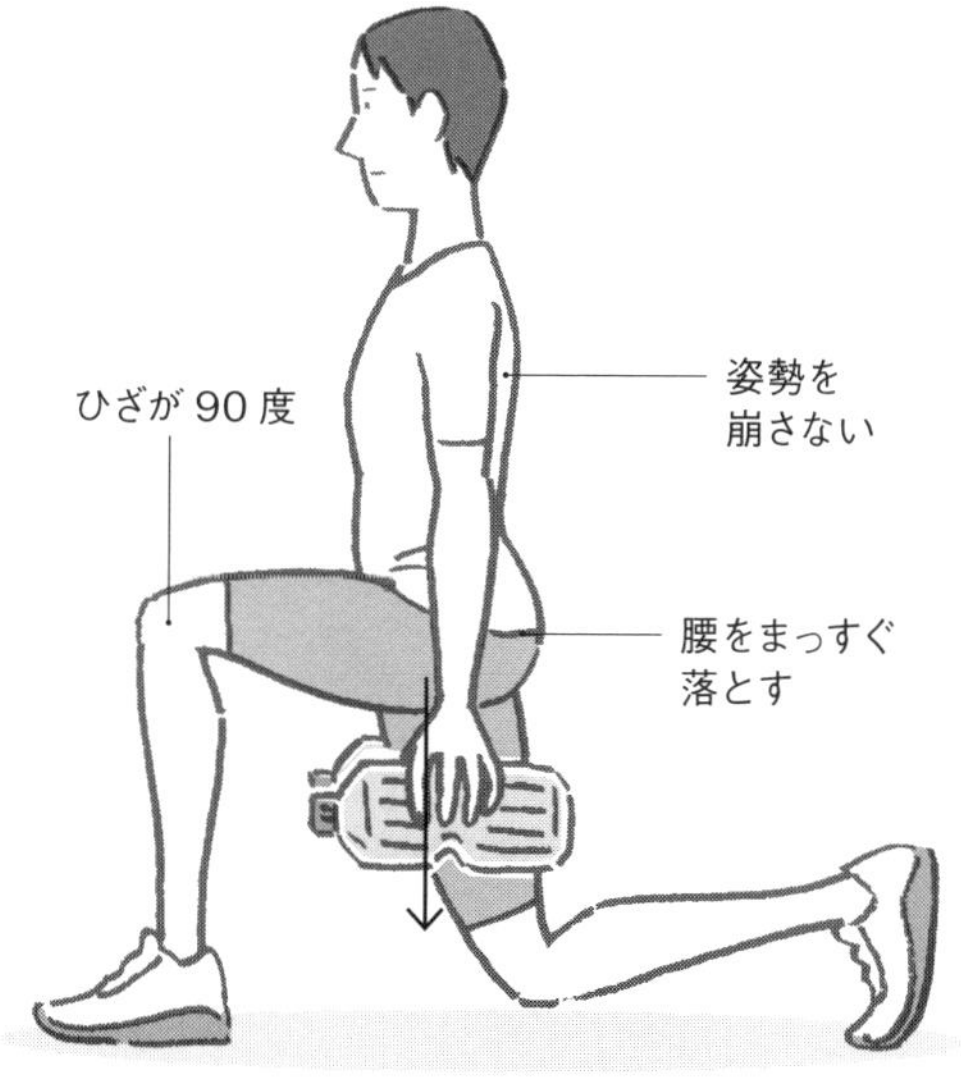
ひざが 90 度
姿勢を
崩さない
腰をまっすぐ
落とす

06

ランナー必須の筋力トレーニング

カーフレイズ

ふくらはぎを強化し、片脚姿勢を安定させる！

1 壁に両手をつき、台の上に立つ（片脚でも実施）

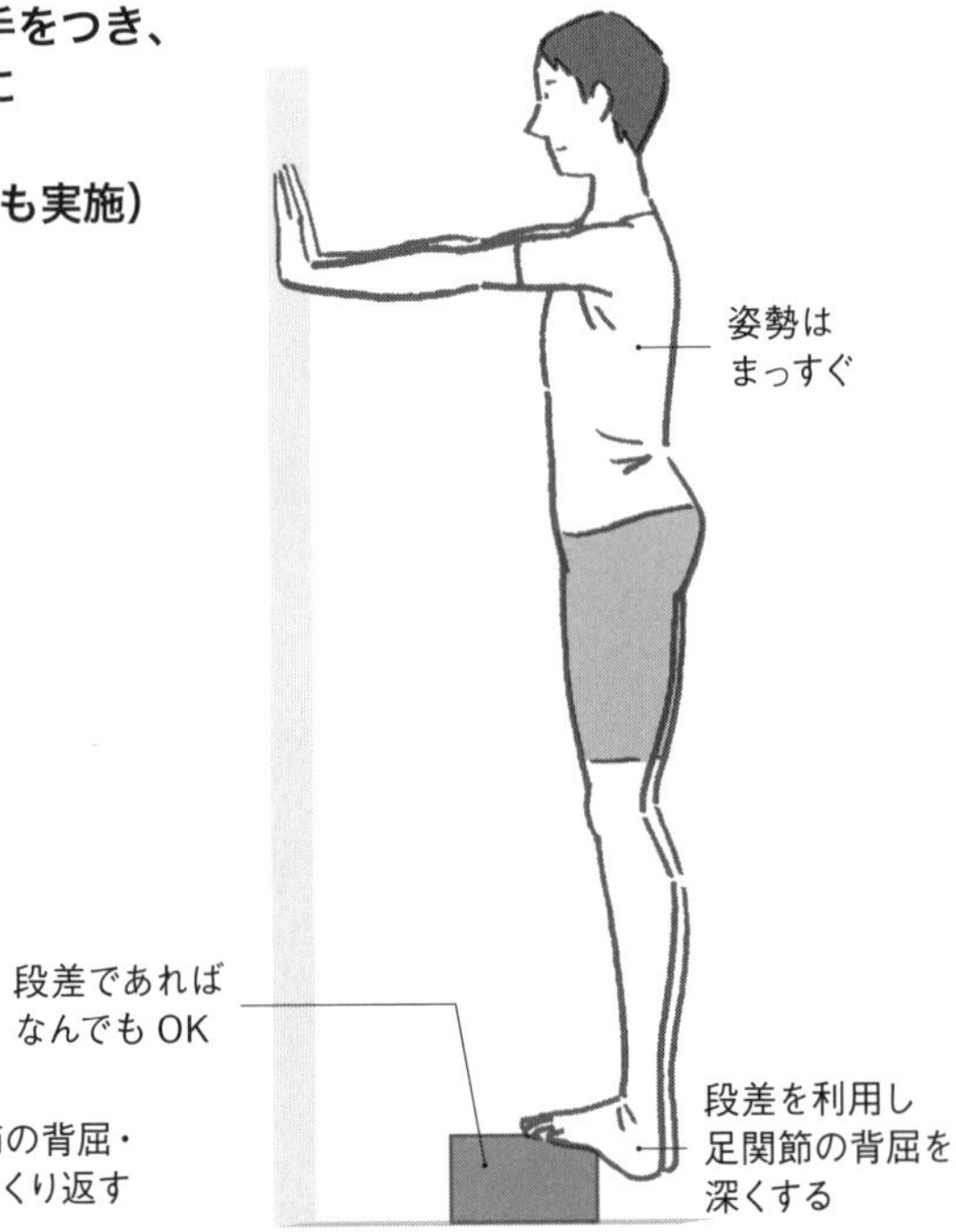

姿勢は
まっすぐ
段差であれば
なんでもOK
段差を利用し
足関節の背屈を
深くする

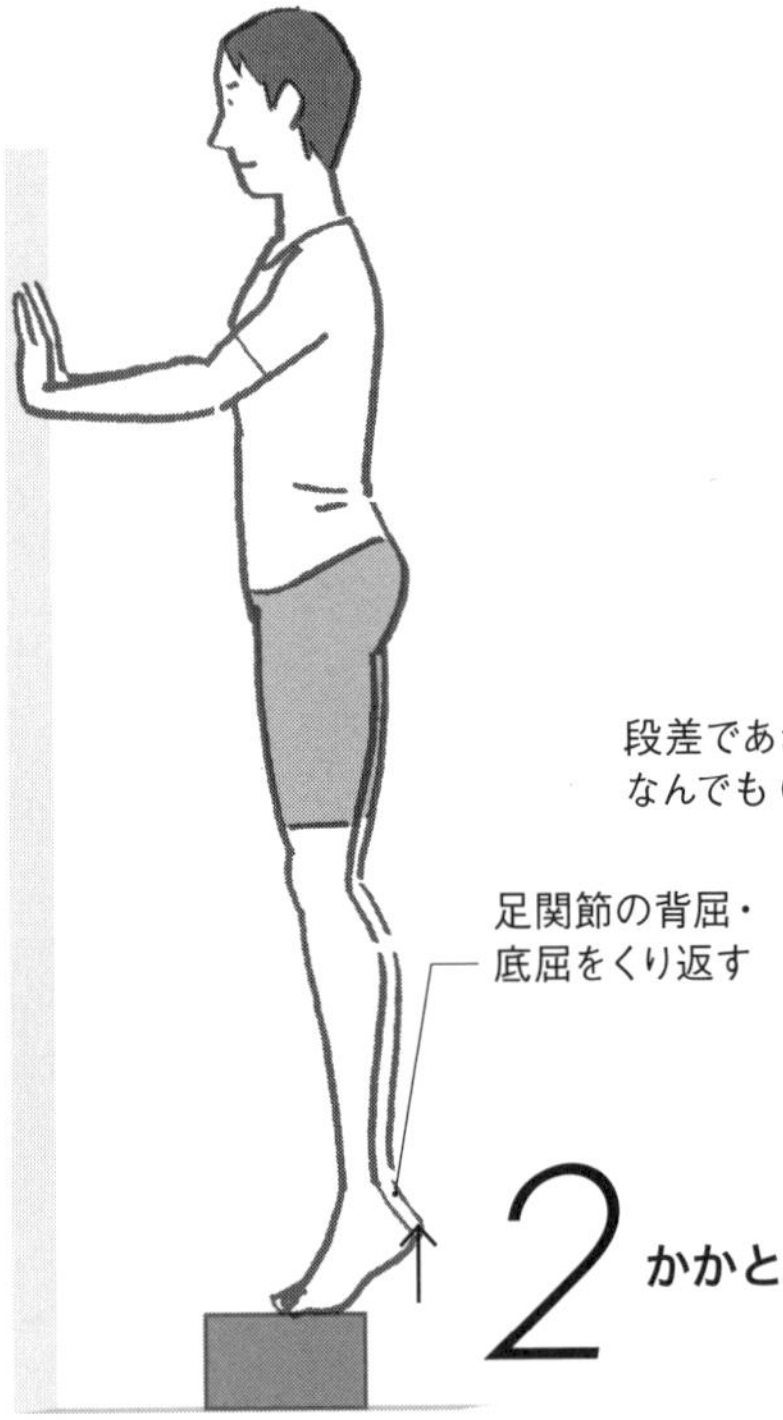

足関節の背屈・
底屈をくり返す

2 かかとを上げる

アキレス腱の伸張反射を利用するバージョン

走りの形に近いやり方を併せて実践するとよい

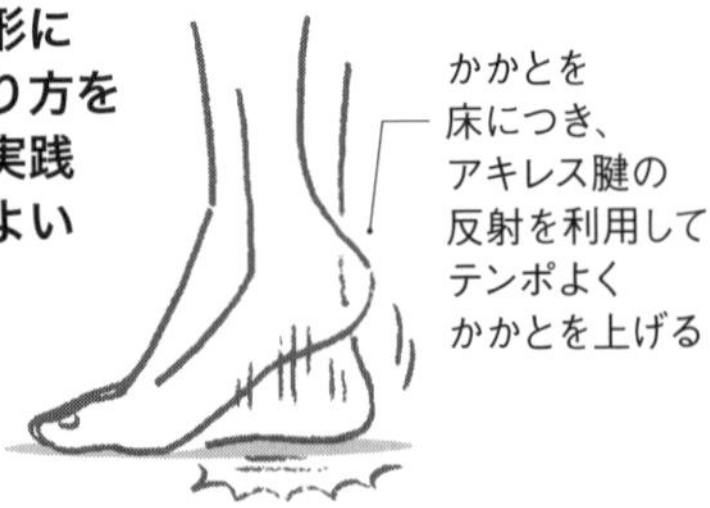

かかとを
床につき、
アキレス腱の
反射を利用して
テンポよく
かかとを上げる

ランナー必須の筋力トレーニング 07

ツイスト

上体のひねりの力を強化し、上下連動をスムーズに！

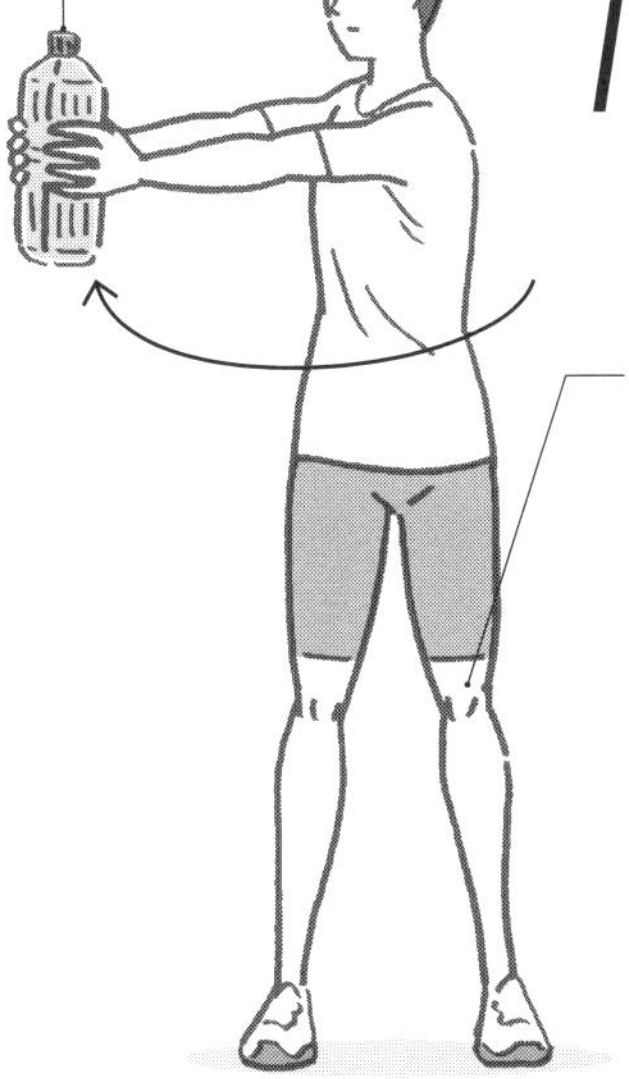
ペットボトル
（２ℓ推奨）
下半身は
動かさない

1　ペットボトルを両手で持ち、腕を前に伸ばして上体を左右にひねる

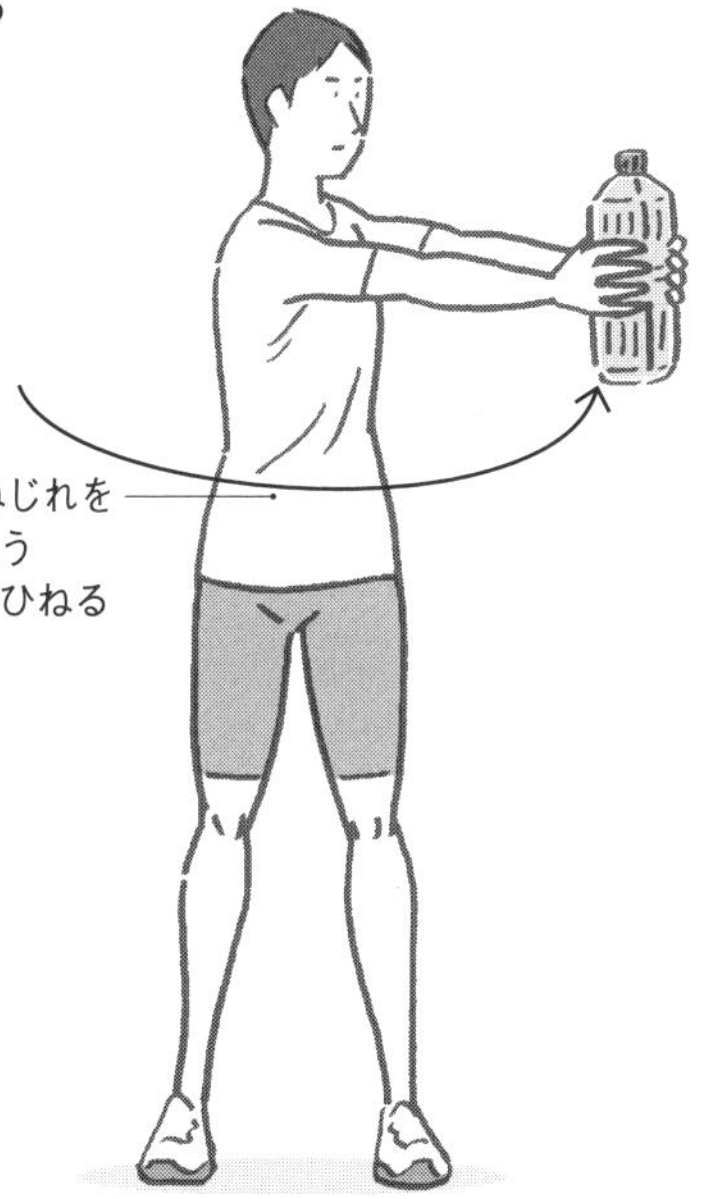
お腹にねじれを
感じるよう
しっかりひねる

寝ながらツイストバージョン

寝た姿勢でひざを立て、上半身と下半身を反対側に倒してひねる

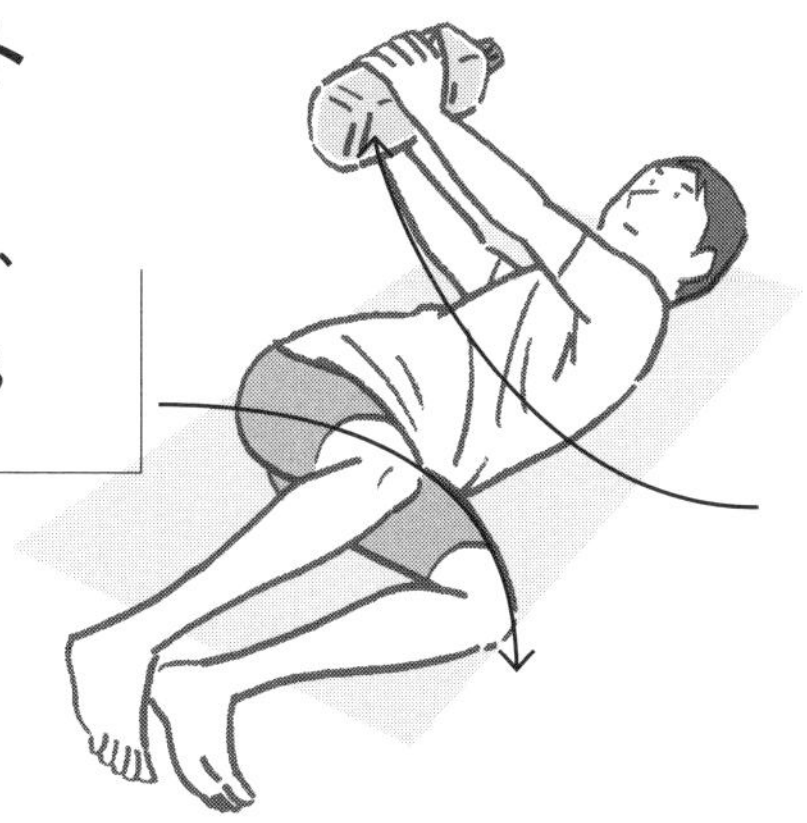

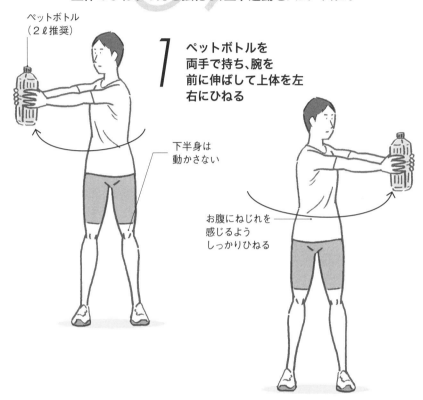

「痛み」や「故障」から走りの弱点がわかる！

INDEX

痛みや故障が生じるのは、ほとんどがフォームの問題

ほとんどのランナーは、故障の経験があると思います。また、現在も痛みを抱え、悩んでいるランナーも多いのではないでしょうか？

故障の原因の多くは、**使いすぎ**（オーバーユース）か、**使い方に問題がある**かのいずれかといってよいと思います。つまり、故障箇所になんらかのストレスを与えてしまうフォームで走っているということです。

カラダのどこかに痛みがあるのであれば、必ず原因があるといえるので、逆にいえば**フォームの課題を明確にするチャンス**でもあります。

その痛みは、なぜ起こるのか？

痛みの原因を理解し、フォームの問題点の改善に取り組むことで、効率的な走り方に1歩近づけることになるのです。

ここからは、痛み別に原因となるフォームの問題を解説していきます。

ひざの痛み

脚が内側にひねられる傾向にある！

ひざの痛みの多くは、**重心の遅れに原因**があります。重心が遅れるために、重心が低い状態でひざを曲げることになり、重心移動しながらひざが内側に内旋します。動きのマイナスを補おうと**ひざをねじってバランスをとっている**のです。そして、このひざへの過剰なストレスが痛みを生じさせます。

最近、増えているのが**「重心遅れのフォアフット」**。重心が遅れているのに、つま先で着地しようとすると、足首が底屈した状態でひざが前に出すぎてしまいます。その状態から地面を押すことになるので、ひざが内側にねじれ、過剰な負担がひざにかかって痛みが出やすくなるのです。しかも、厚底シューズの場合、もともと脚が回内しやすい傾向にあるので、さらに痛めやすい状況となります。ひざのねじれの根本にあるのは、**股関節や足首の機能低下**。関節を正しく使えていないゆえに、ひざに負担がかかるので、股関節を意識したフォームに修正しましょう。

足裏の痛み

離地する瞬間の足首の返しが強すぎる！

着地の際に、**荷重で足裏や足の指に力が入りすぎている**ことが大きな原因。空中から脚を下ろしてきて、**接地の瞬間にバンッと叩きつけている**ようなフォームや、未熟なフォアフットなど足首が底屈した状態で着地し続けると、足裏が痛みやすくなります。

また、足底筋は、足裏からすねのほうまでつながっているので、**離地する際の足首の返しが強すぎた**りすることも原因に。さらに、**足底のアーチが落ちて**きたりすると慢性的な硬さにつながります。

硬くなった足裏の面を地面に叩きつけると、過剰な収縮がストレスとなって痛みを招きます。

この場合、地面に叩きつけるような接地を修正するとよいです。底の薄いシューズを履くと、叩きつけることができなくなるので、**丁寧な接地を意識するため**のひとつの有効な手段といえます。また、トレーニングの前後にストレッチなどで**足裏をほぐす**のもよいでしょう。

すねの痛み

足首やひざが内側にひねられることが大きい

足首やひざが内側にねじれることで、すねの筋肉に過剰なストレスがかかることが原因。内側にねじれが生じるのは、お尻にある**中臀筋の機能低下**と、すねの筋肉と拮抗関係にある**ふくらはぎの筋力不足**。お尻と内転筋、すねの前脛骨筋の力が抜け、軸脚が横に流れるので、その横ブレを補うために下腿でバランスをとろうとするのです。

すねの筋肉が炎症を起こす「**シンスプリント**」などは、このような筋力不足やフォームの問題があるためといえます。また、つま先（足指）側に力が入りすぎ、足首が底屈気味の状態で乗り込み動作を行ったり、故障による筋力低下が原因でさらにすねを痛めたりするケースも多く見られます。

すねの痛みは、ひざの痛みと同様に、**股関節をきちんと使えるようなフォーム**に修正することが必要です。また、カーフレイズ（Ｐ84）などで**ふくらはぎの筋力アップ**に取り組みましょう。

ハムストリングス痛

重心移動の遅れや脚の蹴り上げに問題あり

太ももの裏側であるハムストリングスの痛みは、**重心移動の遅れ**や、**ひざ関節中心の動き**に原因がありますが、最も代表的なのは、**過剰な「蹴り上げ」**によるものです。

地面を後ろに押して離地する際に、脚が後ろに流れないように、**蹴り上げた脚を前に巻き上げる動作が強すぎてしまう**のです。本来はリラックスした状態で、骨盤前側の腸腰筋の伸張反射で脚を振り戻しますが、ハムストリングスを痛めるランナーは、ひざに力を入れて、脚の力で戻そうとします。すると、ハムストリングスに過剰なストレスがかかって、痛みが出るようになってしまうのです。

この場合は、離地から空中姿勢、脚の振り出しに至る**フォームの見直し**が有効です。ひざが力んだ状態になっており、**表裏の筋肉のスイッチング**（Ｐ51）もできていません。レッグクラップ（Ｐ75）などのドリルで改善しましょう。

臀部の痛み

お尻の機能が低下し、脚が外側に回っている

深層外旋六筋という骨盤と大腿骨をつなぐインナーマッスルや、お尻の**中臀筋**の機能低下により、**脚が外側に回旋した状態で走ってしまう**ことが原因。

通常、後ろから前に脚を運んで接地するときに、股関節は外側に回旋（外旋）、地面を後ろに押して離地するときは内側に回旋（内旋）しますが、**お尻を痛めるランナーは、つねに股関節が外旋していることが多く、脚を外側に開いた状態のままガニ股気味に走る**傾向にあります。

ひざを外側に回すような脚運びになり、股関節を正しく使えない状態が続くと、お尻の筋肉も硬くなっていきます。そのせいでお尻に張りを感じるようになり、やがて痛みへと発展していくのです。

お尻に痛みが出るほど張ってしまうと、片脚立ちでバランスをとることも難しくなり、腰痛など周辺にも影響が出てきます。そのため、ドリルなどで**股関節を使うフォーム**に修正することが必要です。

腰部の痛み

腹筋の機能低下や姿勢の乱れによる負担大

ランニングで腰痛になるというのは、やはり**姿勢に乱れがある**ということです。

腹筋の機能低下や筋力不足によって**猫背**になったり、背中側の筋肉の過緊張によって**反り腰**になってしまったり、**前後の筋力のアンバランス**が姿勢の乱れにつながります。

これらの悪姿勢は、結局、**骨盤が前傾・後傾いずれかに偏ったまま固めて走っている**ことになり、股関節を効果的に使えていないフォームといえます。

骨盤の前傾を意識しすぎて反り腰になるケースや、骨盤を後傾させて後ろに重心をおいて走るランナーも腰痛に悩まされることが多いです。

この場合、まずは、P30の**基本姿勢を整えること**が最優先。背骨をまっすぐにして、骨盤を立たせ、立位、歩行、走行と順番に正しい姿勢をキープできるようにしましょう。定期的に**体幹部のエクササイズ**（P66）を行うことも有効です。

腸脛靭帯《ちょうけいじんたい》の痛み

ひざの曲げ伸ばしに頼りすぎたフォーム

股関節の屈伸運動を使えず、**ひざの曲げ伸ばしに頼った走り方**をしていると負担が増します。

腸脛靭帯とは、骨盤からひざ下の脛骨に至る太もものサイドに位置する靭帯のこと。ひざ関節の部分で靭帯がこすれることで痛みが生じる**「腸脛靭帯炎」**は、ランナーのなかでも多く見られる代表的な故障です。ひざの曲げ伸ばしに頼りすぎると、太ももの筋肉に張りが生じ、腸脛靭帯が常に引っ張られて余裕がなくなります。すると、靭帯が炎症を起こしたり、ひざ関節にこすれるようになってしまうのです。

また、フォアフット着地の場合、股関節が伸展している状態でひざを曲げる必要があるので、乗り込み動作でひざが内に入るように屈曲します。その後のひざの伸展時に脚が外旋するため腸脛靭帯のストレスが増し、炎症を起こしやすくなります。

この場合も、ひざ負担を軽減させるために、**股関節を使えるフォーム**に修正しましょう。

アキレス腱の痛み

脚の回旋動作による過剰な伸長

アキレス腱のストレスは、**ひざや足首の内旋や外旋というねじれが生じる**ことで高まります。

アキレス腱は、タテの曲げ伸ばしであれば痛みが出るまでには至らないと思います。それが、内側にねじったり、外側にねじったりした状態で伸ばされると、負担が大きくなります。

では、足首の角度を気にしながら走ればいいのかというと、そうではありません。つま先が外を向いているから、内に向ける意識で走ろうと考えても、ほかの部位の負担が増すだけ。無意識で回旋してしまうわけですから、走り進めると元に戻ってしまうことになります。この場合、脚の内外旋に影響する**股関節やお尻の筋肉の機能改善を目指す**のがベスト。股関節を使えるフォームに修正するドリル〈前歩き回し〈P71〉など〉や、お尻の機能改善をするエクササイズ〈ロシアンデッドリフト〈P82〉〉などに取り組みましょう。

中足骨の痛み

ムリな動きでのフォアフット着地

接地の際、**足の指先に力が入りすぎてしまう**ことで、足の甲にある中足骨に負担がかかります。

接地から着地に至る脚の動きは、股関節の外旋運動の影響で、やや外側から内に入ってきて、足自体は内側に回旋しながら地面に向かってきます。小指側から先に接地することになり、乗り込み動作の過程で母指球側に重心が移っていきますが、**過剰に内側に回旋してしまう**と、それを受け止める中足骨への負担が増してしまうのです。

この場合、フォームの見直しを行い、とくに**接地から乗り込み時の足の動きを確認**しましょう。

たとえば、フォアフットで中足骨に痛みが出るのであれば、現在のつま先寄りの位置から、少しミッド寄りの位置に変更するなどです。足が底屈した状態でつま先立ちのままコントロールすることが負担になっているので、**乗り込み時は足首が背屈になる**ようフォームを修正しましょう。

腓骨筋の腱の痛み

脚の内側へのひねりによる負担

腓骨筋は、下腿の外側やや後方、腱は外くるぶしの後ろ側にあり、その位置関係で外くるぶしに腱がこすれやすいので、**足首のオーバーユース**などで痛みが生じることがあります。回内などで内側にねじられた脚は、蹴り上げで大きなストレスがかかります。とくに問題なのは、**つま先が外側を向いた状態で接地し、乗り込みでひざが内側にグッと入る**場合。そのまま脚を外旋しながら蹴り上げる動作になり、腓骨筋の過剰な収縮が強いられます。脚の**接地と蹴り上げに問題がある**ので、動きの改善には、腰や股関節に着目したアプローチが必要です。

腰や股関節の動きを正しく修正するためには、ツイストランジウォーク（P70）やスクワット（P79）などのトレーニングがおすすめ。腰やお尻、お腹の筋力強化と連動しながら、つま先を外に向けすぎない足首の曲げ伸ばしができるよう心がけましょう。

C O L U M N

「科学トレvs根性論」はナンセンス？

ここ最近、「科学トレか、根性論か」という話題を耳にすることが多いような気がします。「日本のマラソンが弱くなったのは走り込みが足りていないせいだ」「いや、今の時代、故障の危険のある無謀な走り込みは回避すべきだ」云々。たしかに、私が現役のころは月間走行距離にこだわり、1000㎞走ることもありましたが、指導者となった今は選手の月間走行距離を気にすることはありません。

走り込まなくてもいいの？

設楽悠太選手が2018年の東京マラソンで当時の日本記録を更新したとき、「練習で30㎞以上は走らない」と発言したことで、世論は「科学的に理にかなった練習をすれば、そんなに走り込まなくてもいい」というような風潮となりました。

待ってください。設楽選手は走り込んでないとは言っていません。30㎞以上走らないという発言は、１回の練習で40㎞走や50㎞走をやらないというだけで、実際はトレーニングの強度を工夫し、レースに積極的に出場してスピード刺激を入れながら、走行距離はかなり多いと考えます。それを「たくさん走らなくてよい（根性論敗れたり）」ととらえるのは早計です。

努力を裏付けるのが科学

私は、この「科学トレvs根性論」という対立構造は意味がないと考えています。勝つためには、１㎞３分を切るハイペースが必要となった現代のマラソンにおいて、走り込まずに肉体をレベルアップさせるのは不可能です。根性論ではありませんが、ハイスピードで２時間走り切るカラダをつくるには、それ相応の努力が必要となります。

しかし、やみくもに距離を踏んでも速くはなりません。やはり、それを裏付ける科学的な理論も重要なのです。

つまり、相反するイメージを持たされている「科学と根性」は、「必死に走り込む努力、それを裏付ける科学的理論」という関係にあり、決して対立させるものではないということです。

大迫傑選手が所属していた「ナイキ・オレゴン・プロジェクト」の練習は、スプリントや筋トレを重視した内容で、科学的な理論を駆使しながら練習量も豊富。質と量を兼ね備えた練習を着実にこなしたからこそ、あの素晴らしい走りができたのだと思います。

PART 3

最高のフォームで走る

トレーニング強度の基準となる「LT値」とは?

LTやOBLAの速度を高める!

現状の走力をレベルアップさせたいと考えるなら、カラダにしっかり負荷を与えないと成長できません。トレーニングの強度をコントロールし、どのような効果を狙う練習なのか、テーマを明確にする必要があります。

このとき、トレーニングの強度の基準となるものが、**「LT値(乳酸性作業閾値《いきち》)」**です。P62でエネルギー代謝には3つの回路があると説明しましたが、このうち糖を材料とする**「解糖系」**の回路において、代謝副産物として生まれるのが**「乳酸」**です。乳酸は、再処理されて再びエネルギー合成に回される**(乳酸系)**のですが、運動の強度が高くなるとその処理が追いつかず、血中に乳酸が増え始めます。この運動強度によって血中乳酸が急激に増え始めるポイントをLT値といいます。

アスリートのフルマラソンは、LTを少し超えて血中乳酸が2~2・5mmol/ℓになる範囲で**「ややきついが、調子がよければ長く続けられる」**と感じる程度の強度で走ることになります。また、乳酸値が4mmol/ℓになる強度を**「OBLA」**といい、**この領域を超えていくほどに「頑張らないと長くは持続できない」**運動となります。ハーフマラソンはLTからOBLAペース、距離が短くなるほどOBLAを超えたペースで走り、強度が上がっていきます。長距離トレーニングの目的は、この**LTやOBLAの速度を上げていく**こと。これらの走速度が上がれば、記録を伸ばせるのです。

そして、長距離トレーニングのポイントは、強度をコントロールしながら、乳酸産生を管理することにあります。乳酸をたくさん出すトレーニングでキャパを高め、それを走りながら処理する能力を高める練習も必要です。

――体内のエネルギー工場でわかる「LT値」――

LTペースの感覚をエネルギー工場でたとえてみると……

ゆっくりペースで走る

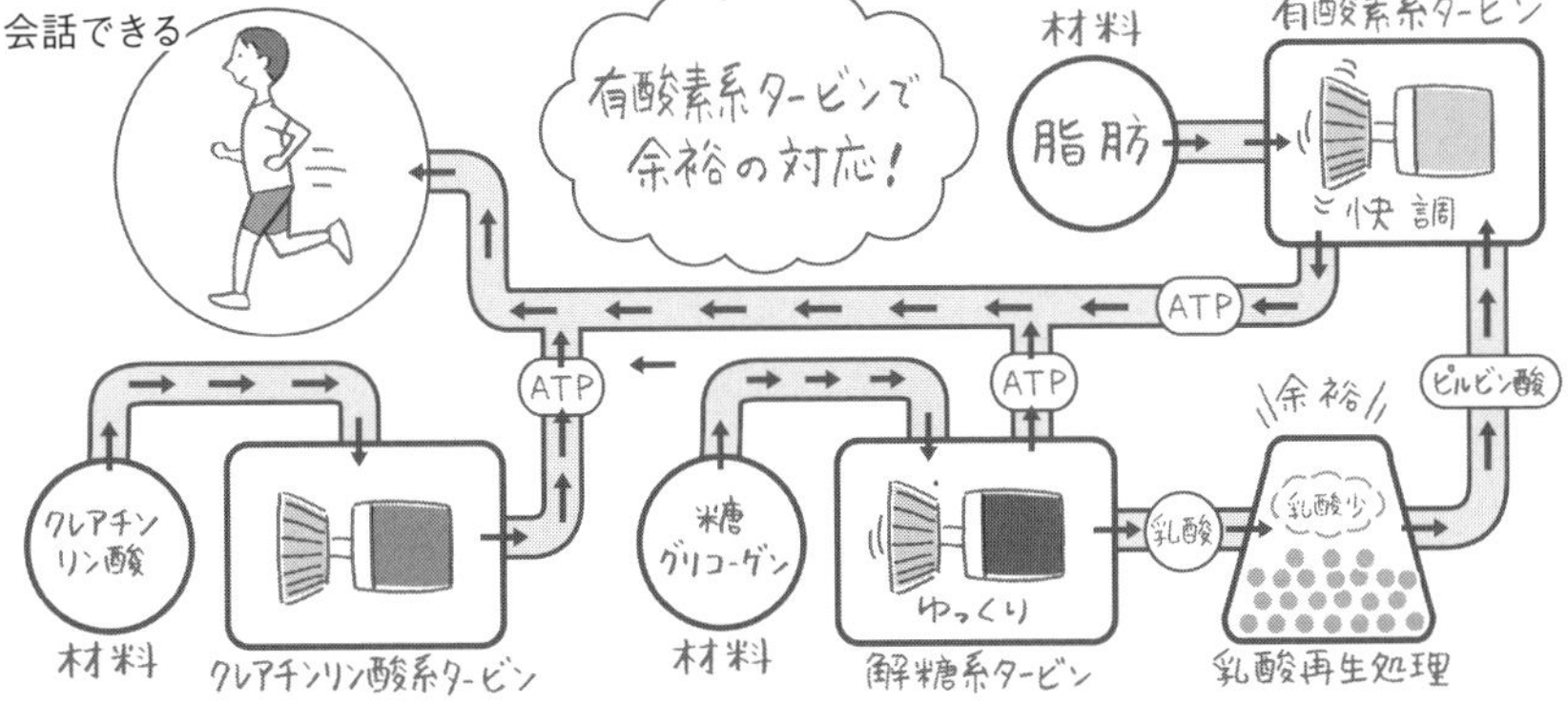

LT ペースで走る

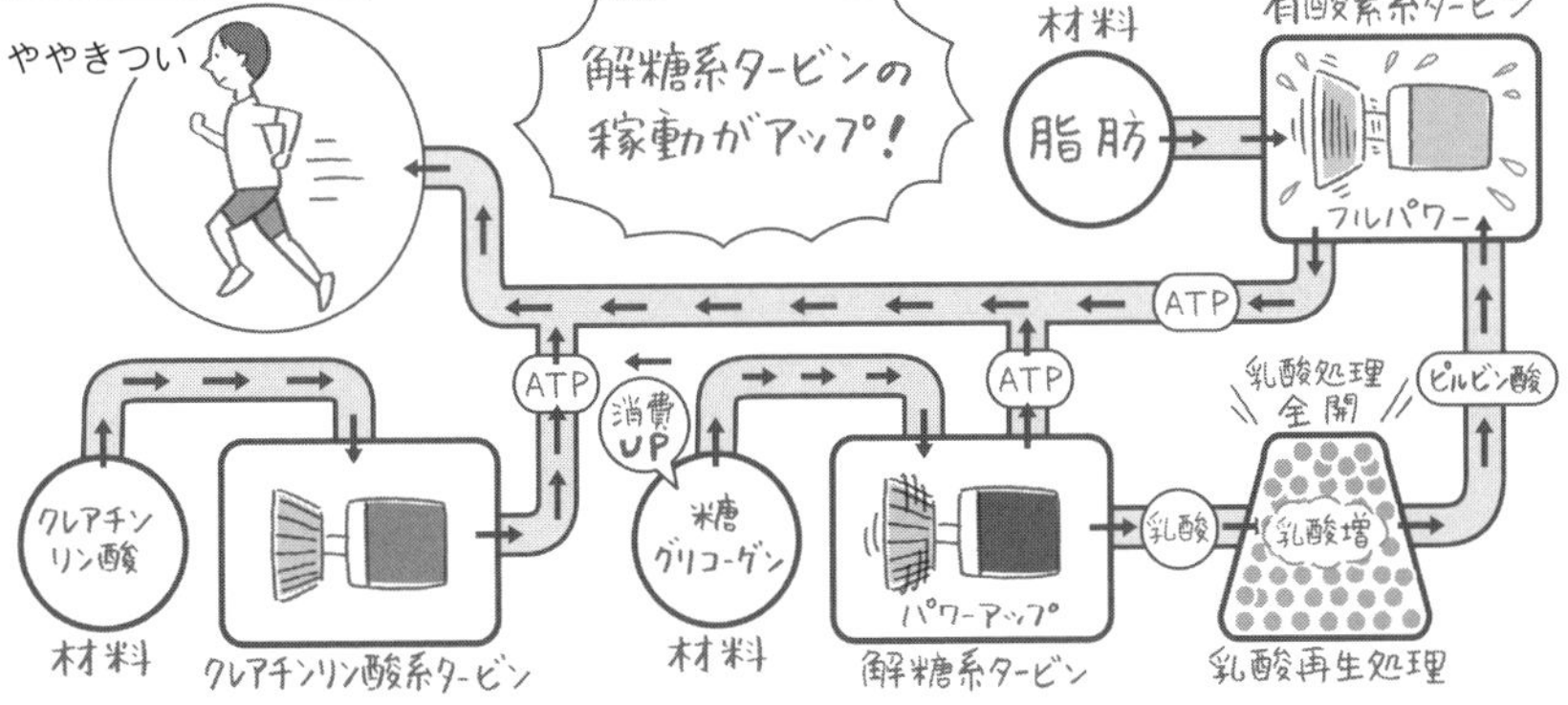

OBLA 超ペースで走る

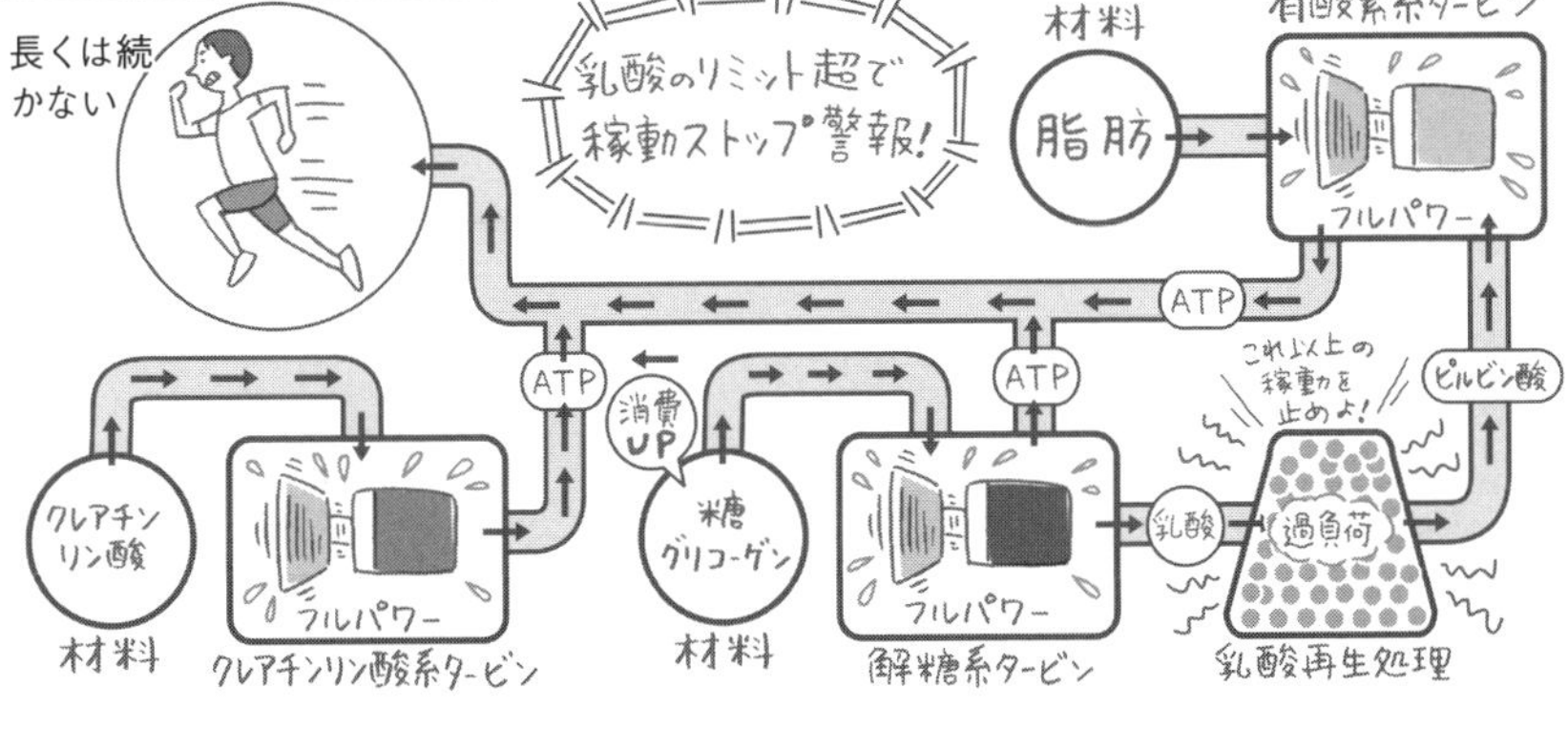

「LTペース」と「OBLAペース」とは？

LTやOBLAの値がトレーニング強度の目安に！

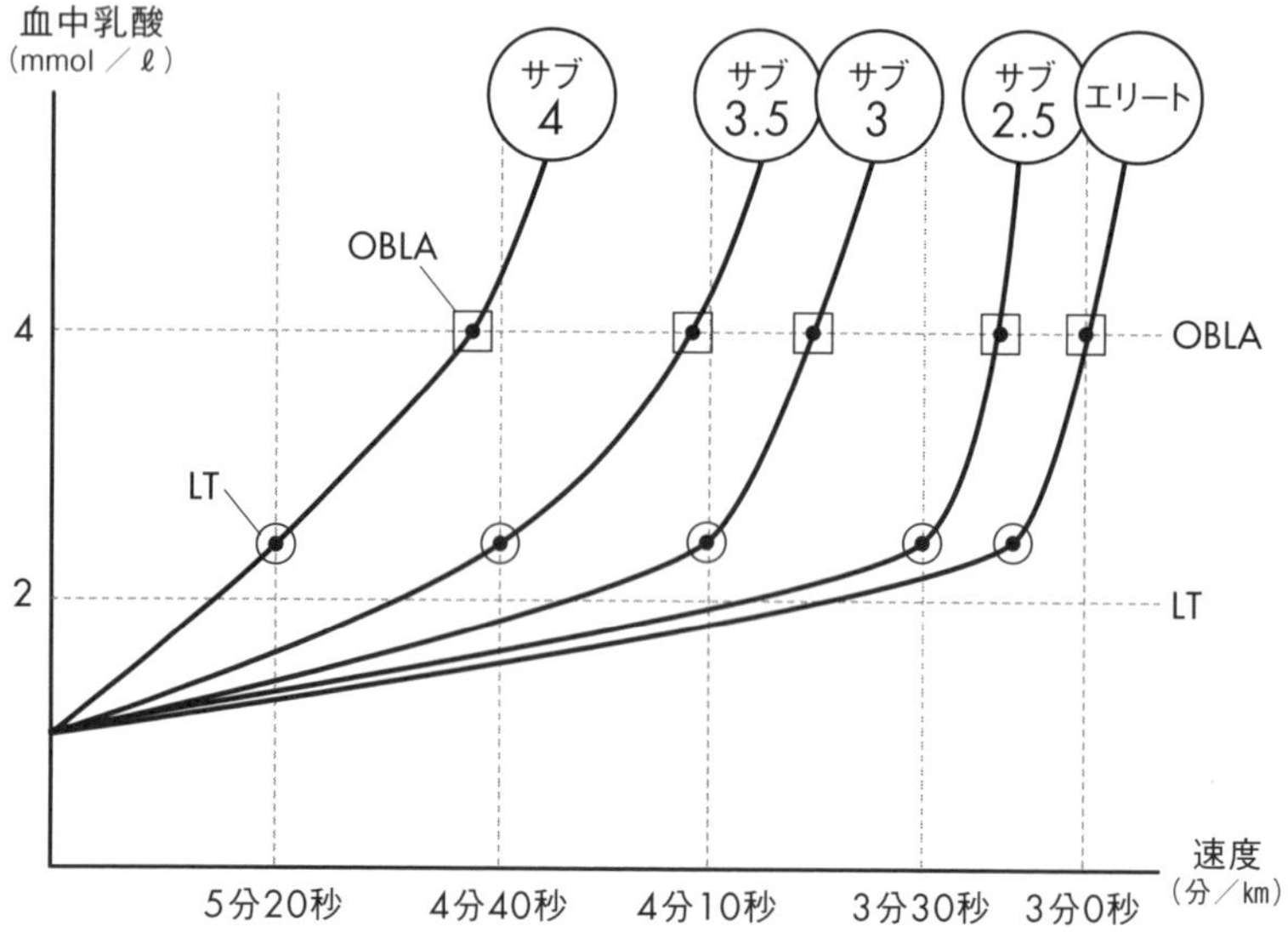

(LTペース)……血中乳酸2～2.5mmol／ℓになるペース。
レベルが上がるほどスピードが速くなる。

(OBLAペース)……血中乳酸4mmol／ℓになるペース。
OBLAを超えると長時間の持続は難しい。

レース距離と乳酸値

レース距離はどれくらいの強度で走るのか？

1500 m走	12mmol／ℓ以上	⇨ OBLAペース超
3000 m走	9～10mmol／ℓ	⇨ OBLAペース超
5000 m走	7～8mmol／ℓ	⇨ OBLAペース超
10km走	5～6mmol／ℓ	⇨ OBLAペース超
ハーフマラソン	3.5～4.5mmol／ℓ	⇨ LT～OBLAペース
フルマラソン	2～2.5mmol／ℓ	⇨ LTペース

※アスリート（鍛錬者）の場合

LT値は心拍数と合わせ、トレーニング強度の目安に使う！

心拍数でLTペースを管理する

ＬＴペースのスピードは、何度も走るうちに感覚でつかめてきます。現状のフルマラソンを走るペースを基準に考えるべきですが、スタミナが足りていない場合は値が低くなってしまいます。そこで客観的な数値で管理するために、**心拍数を目安にする**方法が挙げられます。

心拍数とは、１分間における心臓の拍動のこと。その数値を目安にペースや強度を判断します。

個人差がありますが、おおよそのＬＴ強度と心拍数の関係を下記の表にまとめてみました。これを目安にペースをコントロールしてみましょう。

心拍数は、腕時計式の心拍計を購入するなどすればリアルタイムで測定できます。もし、心拍計を持っていなければ、指で６秒間手首の脈をはかって10を掛ければ、おおよその数値はわかるはずです。

［ LT強度と心拍数の目安 ］

LT 強度（%）	心拍数（bpm）
50%未満	～135
50～70%未満	135～145
70～80%未満	145～150
80～90%未満	150～155
90～100%未満（LTペース）	155～160
100～110%（LT～OBLA）	160～170

トレーニング

気持ちいいジョギングだけでは速くなれない!?

ジョガーが速くなるのは初級まで

サブ4を目指すような初級ランナーに多いのですが、苦しい高強度トレーニングを避け、ゆるめのジョギング（JOG）をくり返しているケースが見られます。

走力をレベルアップさせたい場合、**残念ながら気持ちいいジョギングだけでは、強化できません**。ジョギングも重要なトレーニングの一部ですが、目的としては疲労回復や体力維持、高強度トレーニング前後のコンディショニングや準備に過ぎません。

高強度のトレーニングでしか強化できない

カラダの成長のメカニズムとして、現状で十分対応できる強度であれば、カラダをバージョンアップさせる必要がありません。最低LT強度、できればOBLAのように、現状の体力では対応に苦しむ状況をつくり出すことで、**カラダは組織や機能を増強・亢進《こうしん》させる必要性**を感知し、それが走力の強化につながっていくのです。

しかしながら、カラダにムリを強い続ければ、疲労が蓄積し、故障につながってしまいます。そのため、高強度のトレーニングの後は、強度の低いジョギングなどを組み合わせ、**カラダが回復してトレーニング効果を十分に得られるよう計画的に進めていく**ことが大切です。

また、トレーニングの目的を明確にし、**テーマを持って練習に取り組む**ことも重要。スピードの持続が目的なのか、脚の持久性を高めることなのか、エネルギー代謝や酸素摂取能力を高めることなのか、メニューによって目的はさまざまです。

Ｐ１０４以降の「ＲＵＮトレの基本メニュー」を参考に、練習に取り組んでみましょう。

きつくないと速くはならない！

トレーニングの強度とエネルギー代謝工場の関係は？

ゆっくりペース

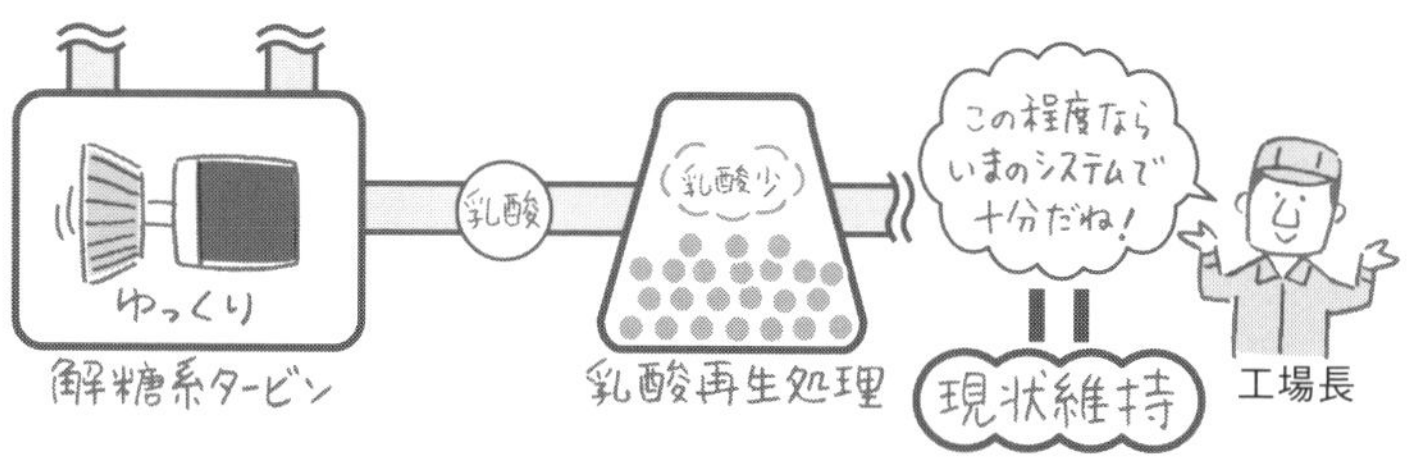

LT～OBLA超

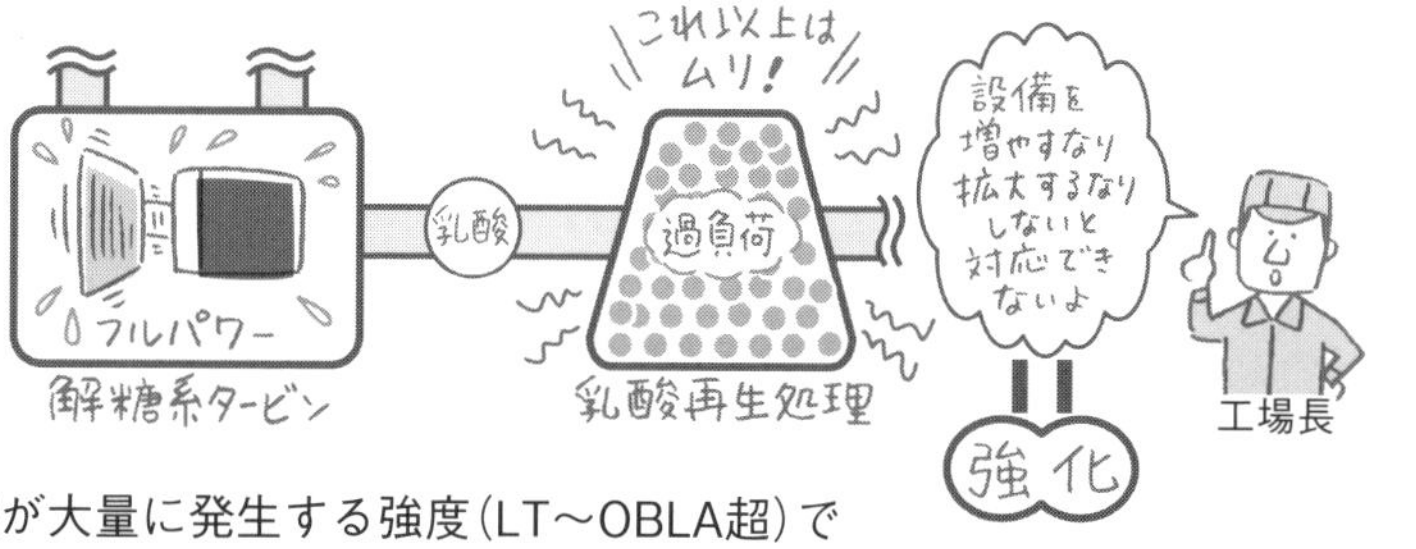

乳酸が大量に発生する強度（LT～OBLA超）で
トレーニングを行わないと、体内のエネルギー機構は強化されない！

主なトレーニングの強度と効果

トレーニング強度によって主な効果は変化する

トレーニング	LT 強度	心拍数 (bpm)	効果
スローペース JOG	70% 未満	～ 145	コンディショニング
イージーペース JOG	70%	145	
ミドルペース JOG	70 ～ 80%	145 ～ 150	体力維持
ランニング	80 ～ 90%	150 ～ 155	
ビルドアップ JOG	70 ⇒ 95%	145 ⇒ 155	走力アップ
スピードプレー	70 ⇔ 100%超	145 ～ 165	
ペース走	90 ～ 105%	155 ～ 165	
変化走	95 ～ 110%	155 ⇔ 170	

強化できない ↑

↓ 強化できる

トレーニング

スピードか？ スタミナか？ ベストタイムから弱点がわかる！

トレーニングを始める前に、まずは全力で**1500mのタイムを計測**してみてください。この距離は、「有酸素能力」を主に使って走る競技種目のうち最短の距離であり、かつ最速のスピードで走る距離といえます。**1500mで出せるスピード（1km当たりのペース）が、皆さんのスピードの基準**になります。そして、1500m〜フルマラソンまでの現在の自己ベスト記録とそれぞれのペースタイム（1km当たり）を書き出してみましょう。

ペースの基準値から弱点がわかる！

そこからなにがわかるかというと、それぞれの距離で、**どれくらいのタイムまで走れるかという予測タイム**です。そして、アスリート（鍛錬者）であれば、私の経験則から導き出した**「プラス5秒の法則」**というセオリーを適用できます。それは、1500mのペースタイムから順に、5秒をプラスしたタイムでそれぞれの距離を走ることが可能であるというもの。

エリウド・キプチョゲ選手のタイム（左図）を見ると、法則との誤差は全体（1500mとフルマラソン）で±1秒、大迫傑選手で±2秒なので、おおよそ符合しています。

走力レベルが下がるほど、練習頻度や環境にばらつきがあるので、法則がマッチするかは個人差がありますが、**それぞれのレベルで基準タイムを提示**（P102）してみました。自分の記録と照らし合わせ、短い距離で下回り、長い距離ほど差が小さければスタミナ（遅筋）タイプでスピードに課題があるということ。短い距離は基準を上回るのに、長距離になるほど下回るのはスピード（速筋）タイプでスタミナに問題があると推測できます。これを走力の課題の目安として、トレーニングに取り組むこともおすすめです。

―アスリートに適用できる「プラス5秒の法則」とは？―

鍛錬者であれば、距離が増えるごとに5秒プラスしたペースで走れる！

距離	1500m	3000m	5000m	10000m	15km	ハーフ	フル

（各距離間：＋5秒　＋5秒　＋5秒　＋5秒　＋5秒　＋5秒）

アスリートのような鍛錬者であれば、1500 mからフルマラソンに至る各カテゴリーにおいて、1km当たりのペースタイムを短い距離から順に５秒プラスしたペースで走れるという目安。

この理論を現世界＆日本記録保持者に当てはめてみると……

■エリウド・キプチョゲ選手

距離	1500m	3000m	5000m	10000m	15km	ハーフ	フル
ペース/km	2分22秒13	2分29秒22	2分33秒30	2分40秒90	—	2分48秒97	2分52秒98

	1500m→3000m	3000m→5000m	5000m→10000m	10000m→ハーフ	ハーフ→フル
差	＋7.09秒	＋4.08秒	＋7.60秒	＋8.07秒	＋4.01秒
法則との誤差	＋2.09秒	−0.92秒	＋2.60秒	−1.93秒	−0.99秒

1500m→フル：＋30.85秒
＋0.85秒

■大迫傑選手

距離	1500m	3000m	5000m	10000m	15km	ハーフ	フル
ペース/km	2分26秒99	2分33秒36	2分37秒68	2分45秒83	—	2分53秒53	2分58秒93

	1500m→3000m	3000m→5000m	5000m→10000m	10000m→ハーフ	ハーフ→フル
差	＋6.37秒	＋4.32秒	＋8.15秒	＋7.70秒	＋5.40秒
法則との誤差	＋1.37秒	−0.68秒	＋3.15秒	−2.30秒	＋0.40秒

1500m→フル：＋31.94秒
＋1.94秒

1500mのタイムを基準に、プラス５秒の法則でフルマラソンのペースタイムとの誤差を見てみると、キプチョゲ選手は、1500 m基準（30秒プラス）で+0.85秒。大迫選手の誤差は1500 m基準で＋1.94秒とわずか。

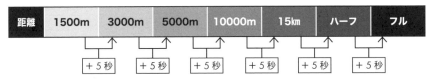

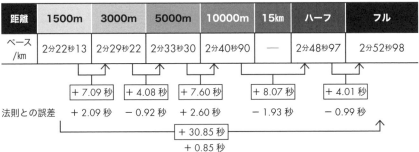

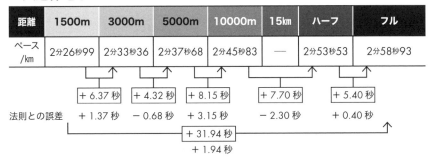

－レベルが下がるほど、ペースの差は大きくなる！－

一般ランナーの場合は鍛錬度にばらつきが。
レベルが下がるほどプラスの値は広がっていく！

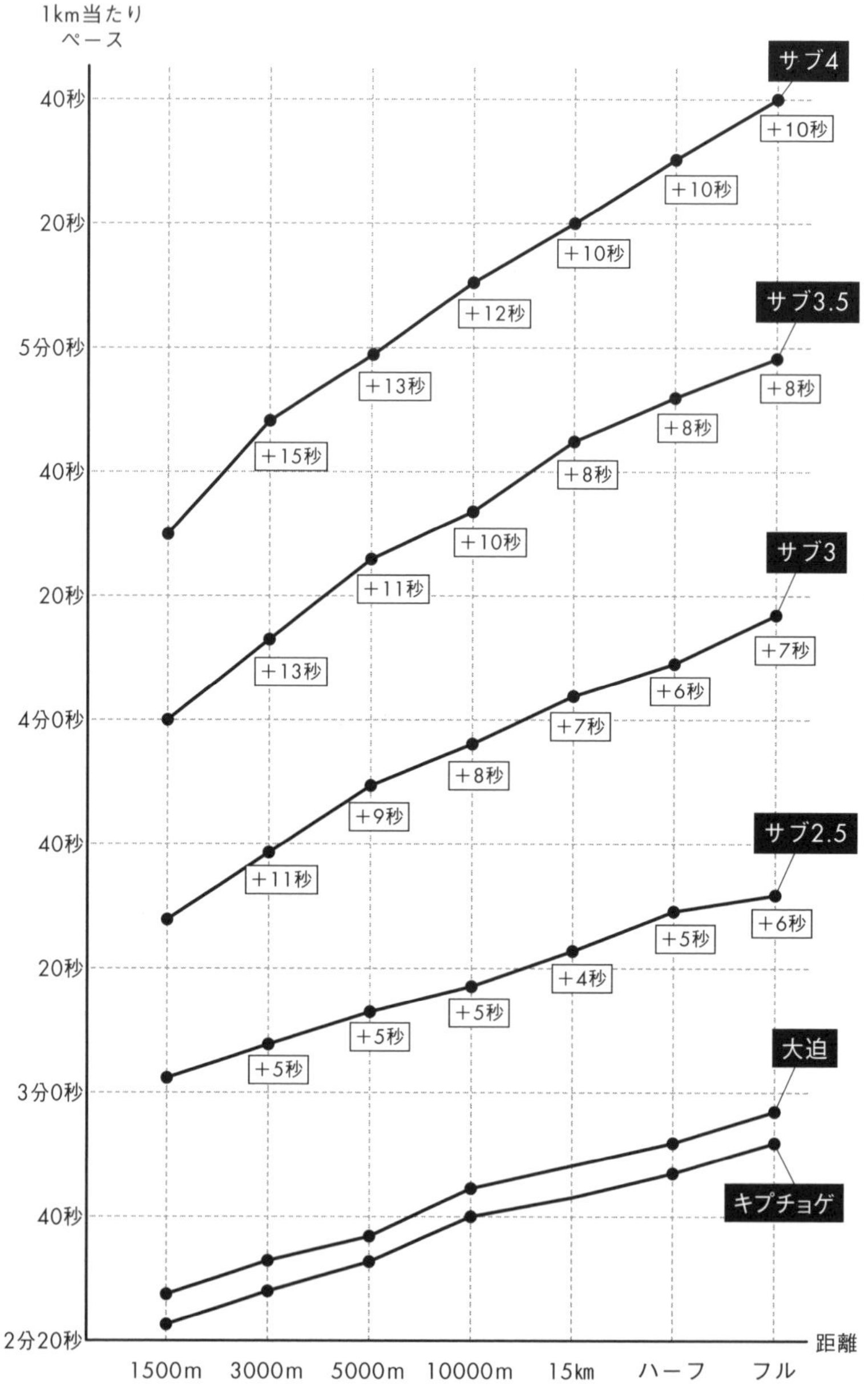

基準タイムとの差で弱点を理解する！

基準タイムと自分のベストタイムとの比較で、弱点が見えてくる

1 目標の基準タイムと自己ベスト時のペースを比較

距離	サブ 2.5	サブ 3	サブ 3.5	サブ 4
1500 m	3分03秒	3分27秒	4分00秒	4分30秒
3000 m	3分08秒	3分38秒	4分13秒	4分45秒
5000 m	3分13秒	3分47秒	4分24秒	4分58秒
10000 m	3分18秒	3分55秒	4分34秒	5分10秒
15㎞	3分22秒	4分02秒	4分42秒	5分20秒
ハーフ	3分27秒	4分08秒	4分50秒	5分30秒
フル	3分33秒	4分15秒	4分58秒	5分40秒

※上記は1㎞当たりのタイム

2 グラフにしたときの傾きを見る！

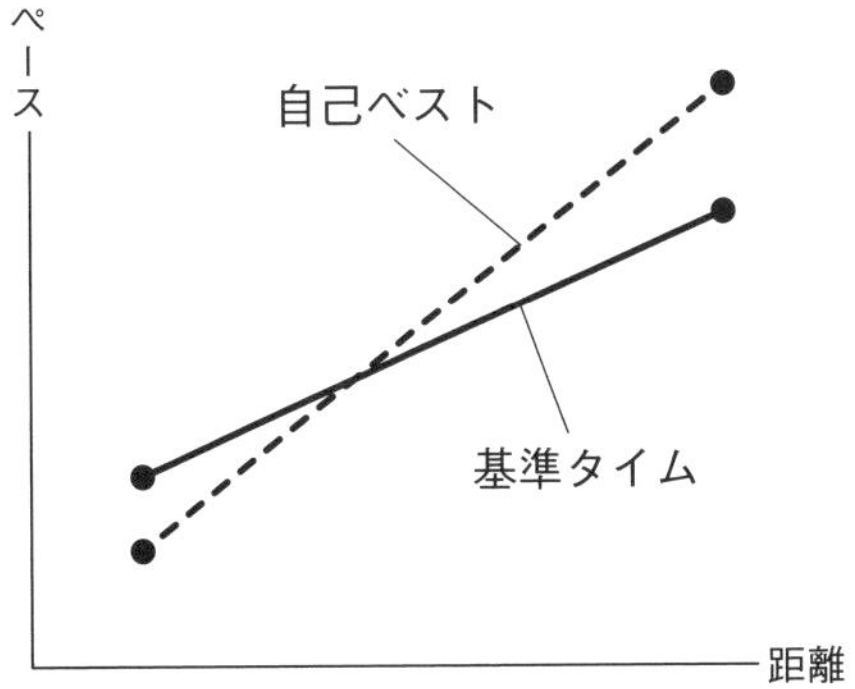

1500mのタイムは速いのに、距離が長くなるほど遅い！

⇒ スタミナ不足

1500 mのタイムが基準より速いのに、距離が長くなると基準値に届かない場合はスタミナ不足。スピードそのものは能力が高いので、それを持続するための持久系のトレーニングを優先させたい。

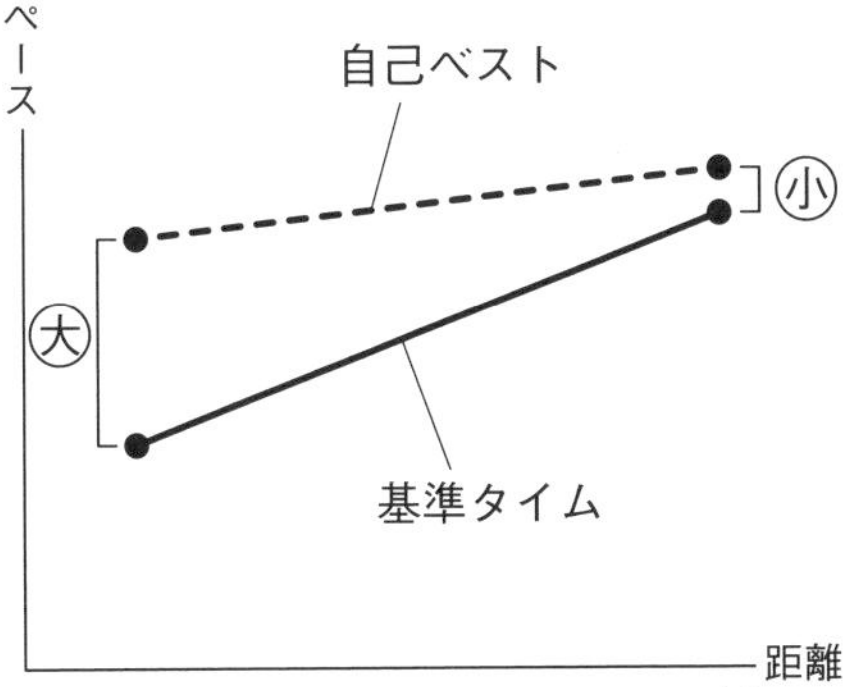

1500mのタイムが遅く、距離が長くなるほど差が小さい！

⇒ スピード不足

1500 mのタイムが遅く、フルマラソンまでのペースタイムにおいて、距離が長くなるほど差が小さくなる。この場合は、明らかにスピード不足。筋トレや短い距離でのスピード強化などを優先的に取り組むのがおすすめ。

狙いを理解して効率的に走力 UP ！

RUNトレの基本メニュー

ランニングの基本的な練習メニューの目的や効果、実施法などを解説。
これらを組み合わせて走力のレベルアップを目指そう！

INDEX

レベル別LT強度のペース表

目標レベル別にLT強度相応のペースタイムを提示。
練習時の目安として参考にしよう！

LT 強度	アスリート	サブ 2.5	サブ 3	サブ 3.5	サブ 4
0%	―	―	―	―	7分30秒
10%	―	―	―	7分13秒	7分17秒
20%	―	―	6分50秒	6分56秒	7分04秒
30%	―	6分18秒	6分30秒	6分39秒	6分51秒
40%	5分46秒	5分54秒	6分10秒	6分22秒	6分38秒
50%	5分20秒	5分30秒	5分50秒	6分05秒	6分25秒
55%	5分07秒	5分18秒	5分40秒	5分56秒	6分18秒
60%	4分54秒	5分06秒	5分30秒	5分48秒	6分12秒
70%	4分28秒	4分42秒	5分10秒	5分31秒	5分59秒
80%	4分02秒	4分18秒	4分50秒	5分14秒	5分46秒
90%	3分36秒	3分54秒	4分30秒	4分57秒	5分33秒
100%	3分10秒	3分30秒	4分10秒	4分40秒	5分20秒
OBLA	3分00秒	3分22秒	3分50秒	4分15秒	4分45秒

歩行と走行の境界を時速8kmとし、それをLT0%強度と設定して、目標タイムの1km当たりのペースと調整し、検討したもの。

練習メニューの狙いを理解する

ここからは、基本的なランニングの練習メニューを解説していきます。

それぞれのメニューの**主な方法や目的を理解**したうえで、走力のレベルアップに役立ててください。

上の表は、アスリートからサブ4レベルまで、それぞれの**LT強度に相当するペースタイム**をまとめたもの。

歩行と走行の境界となるスピードを時速8㎞と仮定し、それをLT値に対する強度の0%としています。走力(体力)のレベルが上がるほど、当然境界速度も速くなると仮定し、私の経験則を交えてタイム設定をしています。

各メニューに記載されたLT強度に関しては、上記の表を参考にペース設定をしてみましょう。

スローペースジョギング

走りながらカラダを回復させ、コンディションを整えることを目的として走る運動。主に全身に血流をゆっくりと巡らせるような感覚の走りです。ただし、この領域の練習は、フォームを崩す危険性もはらんでいることを理解しておきましょう。問題は、ダラダラと走ってしまうこと。フォームへの意識が薄く、肩を振って走ったり、チョコマカと脚だけで走ったりしてしまいがちです。走行距離でいえば一番多い可能性もあるので、**この練習で動きを崩したり、悪い癖が身についてしまったりするケースが多い**気がします。

スローペースのジョギングでもフォームをしっかりと意識しなければなりません。アスリートの場合、この領域で走るペースは、発揮する出力が低いので、連動や調和、タイミングがずれてしまう恐れがあるため、準備運動やクールダウンに留めておいたほうがよいと思います。

LT強度
70%未満

速度
スロー

心拍数
～145

イージーペースジョギング

このペース領域が、**普通のジョギングに相当する**と思います。十分に遅いペースなので、疲労回復のためのコンディショニング・ジョグや、**長い時間を走る場合のペースと考えたほうがよい**でしょう。上級レベルの市民ランナーやアスリートならば、90分以上のロングジョグとして走る場合などに選択すべきペースです。ただし、こ

LT強度
70%

速度
イージー

心拍数
145

の走速度でも発揮する出力は低いので、スローペース同様、フォームへの意識を忘れないようにしましょう。

ミドルペースジョギング

LT値に対して70%強度以上のペースで走る速めのジョギングです。この強度になると、**血流量が増えて、体力の低下を防ぐ効果**が出てきます。上級レベルの市民ランナーやアスリートは、この負荷以上の領域でジョギングすべきと考えます。

イメージとしては、**フォームを意識してよい動きで走り続ける**練習。強度が高すぎるわけではないので、疲労を助長させることもなく、コンディショニングにも使えます。アスリートなら60～90分間走る場合に使いたい領域です。

LT強度
70～80%

速度
ミドル

心拍数
145～150

ランニング

ジョギング以上、ペース走以下という位置づけ。それなりの負荷なので、体力（走力）維持に役立ちます。**ポイント練習の間隔を2日以上空ける場合に使いたい領域**の強度。40～60分くらいの短時間で終わらせたいときに用いるとよいでしょう。この領域で走っていれば動きが崩れることはないと思います。

ポイント練習でない場合は、1回の走りでジョギングのペースを変え、最後はランニングで終えることが多い

LT強度
80～90%

速度
ファースト

心拍数
150～155

と思います。カラダと対話し、その日の体調を確認しながら、どこまでペースを上げるか、気持ちのよいペースを探りながら走ります。普通のジョギングからランニングの領域に近づけるほど、体力（走力）の維持や向上が可能になります。

ビルドアップジョギング

スローペースから走り始め、体調に合わせて徐々にペースを上げていくスタイルの練習。走りながらカラダを整えてリズムを上げていきます。無理のない範囲でペースを上げていくのが理想的です。**後半のペースを上げるほど、体力が維持できる**ことになるので、アスリートや上級ランナーは、ペースを上げる後半部の時間を長くするようにしましょう。

LT強度
70⇒95%

速度
スロー⇒ファースト

心拍数
145⇒155

スピードプレー

ジョギングの合間に100mダッシュや1分間ペースアップなどを間欠的に入れながら走る練習。**体内に乳酸を発生させて利用しながら走る代謝系の発達にも効果があると**

LT強度
70⇔100%超

速度
イージー⇔OBLA

心拍数
145〜165

スピードプレーのイメージ

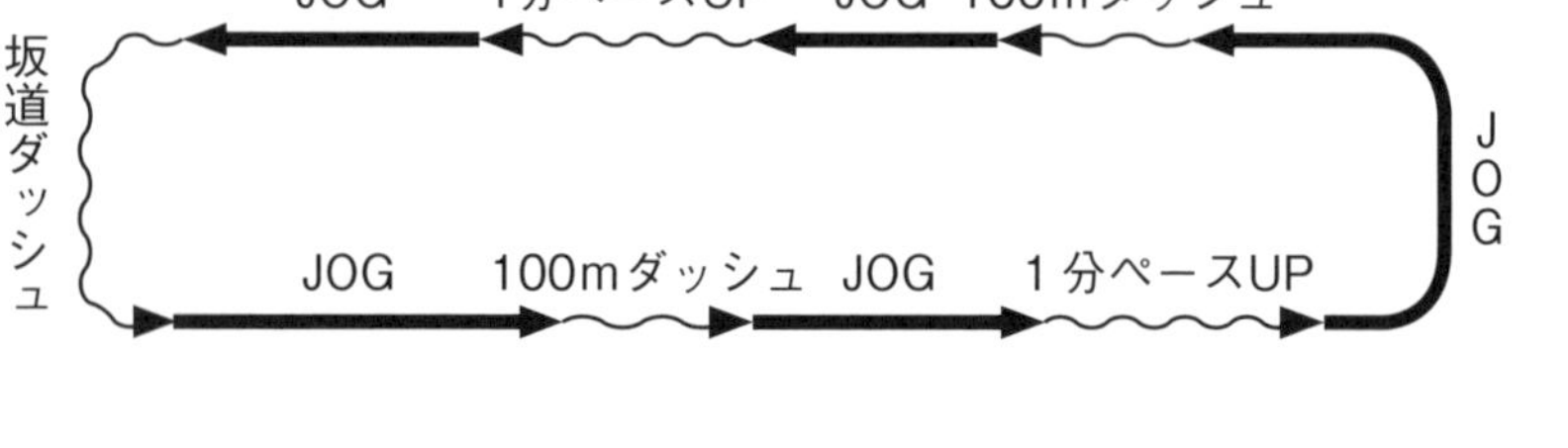

思います。乳酸を出さなくとも、スピードを上げて、より多くの酸素を使う場面をつくり出し、さらに起伏や傾斜を利用すれば、筋力の維持や向上にも役立つトレーニングに。

ペース走

LTペース付近の負荷で走り続ける練習。最低LT強度90％で走り始め、OBLA強度付近までの領域で走ります。このペースになると走行時間ではなく、**距離とペースを指標に内容を組み立て**、カラダに与える強度や負荷領域を考える必要があります。

LT強度
90〜105％

速度
LTペース

心拍数
155〜165

変化走

乳酸が増えていかないペースと、乳酸が多く発生するペースを行き来する練習。理想は、LTとOBLA強度付近を想定し、**LT強度を長め、OBLA強度を短めに設定**することです。OBLA強度が長いとインターバル（P112）になります。OBLAペースで乳酸を出し、LTペースで乳酸をエネルギーとして利用しながら走ることが目的のひとつです。

LT強度
95〜110％

速度
LT⇔OBLA

心拍数
155⇔170

変化走のイメージ

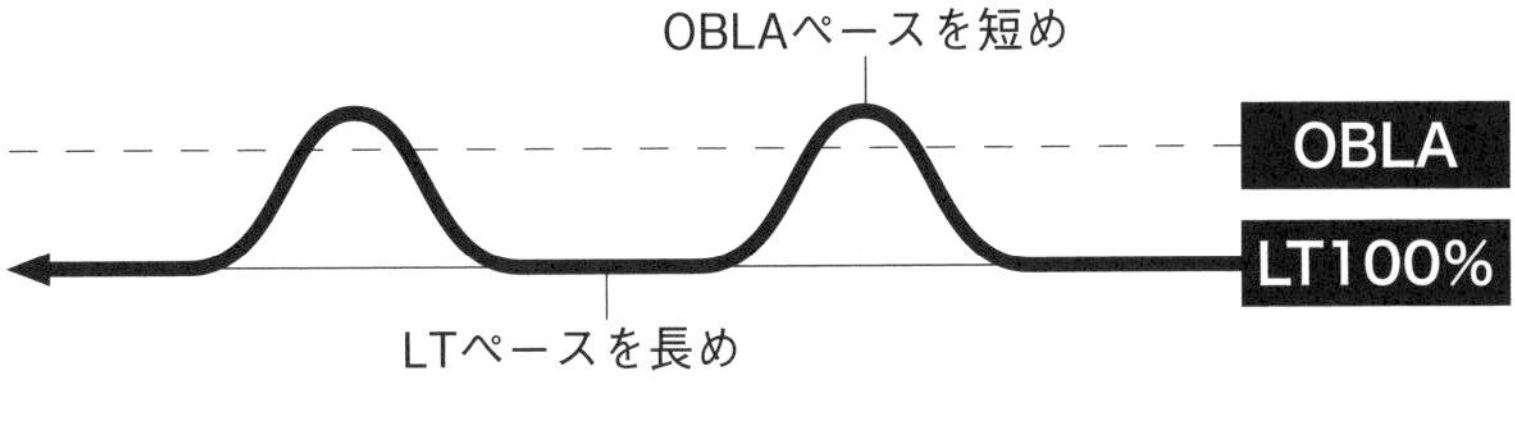

高強度トレーニングの分類

強度の高いトレーニングの距離や速度、エネルギー代謝などを分類！

トレーニング	距離	速度	エネルギー代謝
インターバル	ショート 200～900m	VO2MAX 100%～130%	解糖系、有酸素系
	ミドル 1000～2000m	VO2MAX 95%～110%	
	ロング 3000～5000m	VO2MAX 90%～100%	
レペティション	ミドル・ロング	ほぼ全力	解糖系、有酸素系
90秒走	ショート	ほぼ全力	解糖系、有酸素系（乳酸系）
60秒走	ショート	ほぼ全力	解糖系、有酸素系（乳酸系）
40秒走	ショート	ほぼ全力	解糖系、有酸素系（乳酸系）
150m走	150m	全力	クレアチンリン酸系、解糖系

有酸素能力の向上

無酸素能力の向上

ポイント練習でレベルアップ

ここからは、走力の強化に対して直接的な効果のある高強度のトレーニングを紹介します。

通常、練習メニューを組むときは、強度や負荷の高い練習で強化テーマを明確にした練習（**ポイント練習**）と、コンディショニングや体力維持を目的とした**つなぎの練習**を間に入れて、疲労と回復のバランスを考えます。

これから紹介するのは、主にポイント練習に効果的なメニューです。

インターバルのようなスピード練習の目的は、スピードそのものを底上げすることではなく、現状持っているスピードを持続させることにあります。

エネルギー代謝的な観点でいうと、OBLA強度やほぼ全力で行うトレーニングなので、距離や反復回数によっ

エネルギー代謝による分類

高強度トレーニングをエネルギー代謝のチャートに落とし込むと……

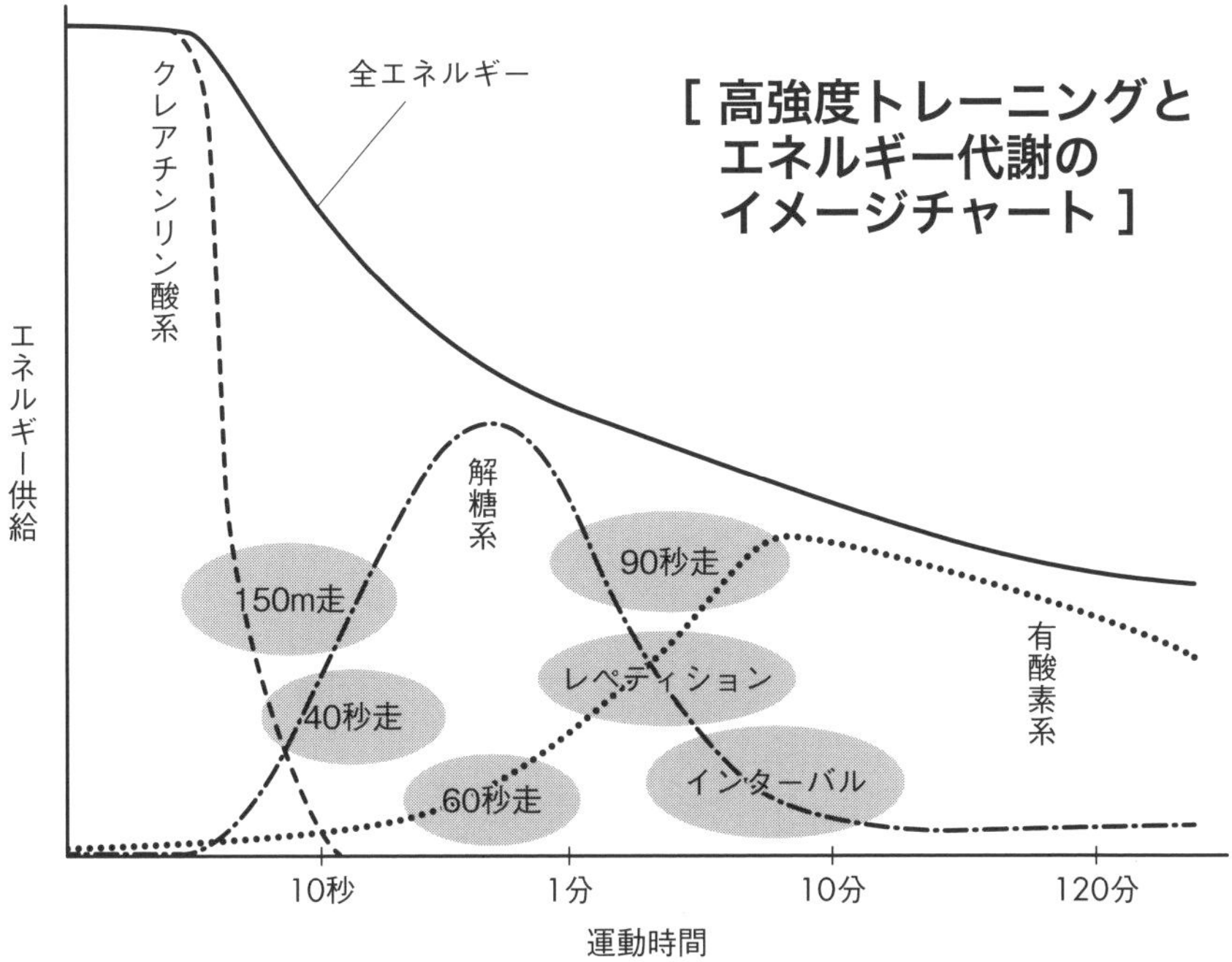

て、「有酸素能力」や「無酸素能力」の向上、またはその複合という効果の異なるトレーニングに区別・融合することができます。

乳酸を発生させて走力を高める

解糖系回路を刺激するため、乳酸が大量に発生し、それを走りながらエネルギーとして利用することで、**乳酸の産生と処理能力を高める**ことができます。

距離や強度の設定によって、得られる効果も変化するので、目的に合わせて取り組んでみましょう。

最大酸素摂取量 (VO2MAX)の考え方

最大酸素摂取量（VO2MAX）とは、運動中に体内に摂取できる酸素の単位時間当たりの最大値を表すもの。VO2MAX 100%の速度とは、設定距離と本数を一定のペースを保ちながら走り続けると、最終的にほぼ全力となるイメージ。目安としては、1500 mのペースタイムが、おおよそのVO2 MAX100%のペースになると考えてよい。

ショートインターバル

タイム

サブ 3		サブ 3.5		サブ 4	
設定	40 秒	設定	44 秒	設定	48 秒
休息	28 秒	休息	36 秒	休息	42 秒
トータル	11 分 20 秒	トータル	13 分 20 秒	トータル	15 分 00 秒
設定	60 秒	設定	72 秒	設定	75 秒
休息	32 秒	休息	36 秒	休息	45 秒
トータル	15 分 20 秒	トータル	18 分 00 秒	トータル	20 分 00 秒
設定	82 秒	設定	100 秒	設定	105 秒
休息	34 秒	休息	40 秒	休息	45 秒
トータル	19 分 20 秒	トータル	23 分 20 秒	トータル	25 分 00 秒
設定	80 秒	設定	98 秒	設定	105 秒
休息	60 秒	休息	70 秒	休息	75 秒
トータル	23 分 20 秒	トータル	28 分 00 秒	トータル	30 分 00 秒
設定	2 分 06 秒	設定	2 分 28 秒	設定	2 分 42 秒
休息	60 秒	休息	68 秒	休息	75 秒
トータル	15 分 30 秒	トータル	18 分 00 秒	トータル	19 分 45 秒
設定	2 分 52 秒	設定	3 分 30 秒	設定	3 分 40 秒
休息	60 秒	休息	70 秒	休息	80 秒
トータル	19 分 20 秒	トータル	23 分 20 秒	トータル	25 分 00 秒
設定	3 分 16 秒	設定	4 分 00 秒	設定	4 分 10 秒
休息	36 秒	休息	40 秒	休息	50 秒
トータル	19 分 20 秒	トータル	23 分 20 秒	トータル	25 分 00 秒

200〜900mの短めの距離で速度を上げ、休息を挟みながらくり返し走るトレーニング。休息は立ち止まらずに基本的にジョギングとし、1分以内、またはスピード区間より短い時間で設定します。

ショートインターバルの利点は、**スピード区間と休息ジョグの部分に強弱をつけることで、さまざまな目的の練習になりえる**ことです。たとえば、以下のように分類できます。

高強度ショートインターバル

乳酸を大量に発生させる速度（高強度）で走ることをくり返します。

[実践型ショートインターバルの例]

			トータル			
距離×本数	休息 JOG	トータル距離	アスリート		サブ 2.5	
200 m ×10	100 m	3000 m	設定	32 秒	設定	36 秒
			休息	23 秒	休息	24 秒
			トータル	9 分 10 秒	トータル	10 分 00 秒
300 m ×10	100 m	4000 m	設定	50 秒	設定	55 秒
			休息	23 秒	休息	25 秒
			トータル	12 分 10 秒	トータル	13 分 20 秒
400 m ×10	100 m	5000 m	設定	68 秒	設定	75 秒
			休息	23 秒	休息	30 秒
			トータル	15 分 15 秒	トータル	17 分 35 秒
400 m ×10	200 m	6000 m	設定	66 秒	設定	74 秒
			休息	45 秒	休息	52 秒
			トータル	18 分 30 秒	トータル	21 分 05 秒
600 m ×5	200 m	4000 m	設定	1 分 42 秒	設定	1 分 54 秒
			休息	44 秒	休息	54 秒
			トータル	12 分 10 秒	トータル	14 分 00 秒
800 m ×5	200 m	5000 m	設定	2 分 16 秒	設定	2 分 36 秒
			休息	46 秒	休息	52 秒
			トータル	15 分 10 秒	トータル	17 分 20 秒
900 m ×5	100 m	5000 m	設定	2 分 40 秒	設定	2 分 55 秒
			休息	22 秒	休息	32 秒
			トータル	15 分 10 秒	トータル	17 分 15 秒

実践型ショートインターバル

休息区間は速めのランニングでつなぎ、合計で2000~6000mの距離で設定しつつ、トータルタイムも意識する方法。ポイントは最後の1本が終わってからの休息ランニングを必ず入れてゴールすること。

変化走型ショートインターバル

上記の表は、強度を上げる場合の例。インターバルとしては余裕のあるペース(OBLA程度)で実施すると、変化走のような練習にできます。

ミドルインターバル

1000～2000mの距離で速度を上げ、休息を挟みながらくり返し走るトレーニング。休息は立ち止まらずに基本的にジョギングとし、2分以内、またはスピード区間の3分の1より短い時間で設定します。

実施の例としては下図のようなイメージです。

この内容は、左の実施パターンのように、**休息区間をどのように実施するかで得られる効果が変化します**。休息ジョグを短くしたり、速めのペースでつないだりすることでLT値を向上、スピード区間の強度を上げて休息を長めにとることで、OBLAを向上させるイメージを持つとよいでしょう。

実施パターン

1 回復させない型

・ターゲット速度
➡ OBLA

・休息 JOG
➡速めのスピード

2 追い込み型

・ターゲット速度
➡ OBLA 超

・休息 JOG
➡長めにとる

[ミドルインターバルの例]

距離 × 本数	休息 JOG
1000m × 5 ~ 7	100 ~ 600m
1200m × 5 ~ 6	200 ~ 800m
1600m × 4 ~ 5	200 ~ 800m
2000m × 3 ~ 5	200 ~ 800m

ロングインターバル

３０００～５０００ｍの距離で速度を上げ、休息を挟みながらくり返し走るトレーニング。休息は立ち止まらずに基本的にジョギングとし、２分以内、またはスピード区間の３分の１より短い時間で設定します。

実施の例としては下図のようなイメージです。

ミドルインターバルと考え方は同じですが、**距離が長いので、ＯＢＬＡ強度付近の速度で走る**ことになります。

PART 3

実施パターン

1 回復させない型

・ターゲット速度
➡ LT ～ OBLA

・休息 JOG
➡速めのスピード

2 追い込み型

・ターゲット速度
➡ OBLA

・休息 JOG
➡長めにとる

[ロングインターバルの例]

距離 × 本数	休息 JOG
3000m × 2 ~ 5	200 ~ 1000m
4000m × 2 ~ 4	200 ~ 1200m
5000m × 2 ~ 3	400 ~ 1400m

レペティション

通称「レペ」と呼ばれ、決められた距離をほぼ全力で走り、しっかりカラダを回復（休息）させながらくり返し走るトレーニング。距離は、200～5000mの範囲で、**距離が短いほど本数を多くするの**が普通です。

レペティションは距離ですが、時間で区切る高強度トレーニングもあります。

90秒走

90秒を全力に近い速度で走る練習ですが、実施する本数によって速度をコントロールし、最終走でオールアウトするようにします。解糖系のエネルギー代謝だけでは走り切れないため、乳酸系・有酸素系も使って走ることになります。スピードを上げるほど解糖系に頼ることになるので、発生する乳酸によってphが酸性に傾くことに抗いながら、乳酸も利用して走り続けます。これら**複合の代謝回路を利用できるように速筋を刺激したいので、スピードを上げるほど効果は高くなります。**

[全力疾走時間とエネルギー代謝]

エネルギー代謝	クレアチンリン酸系	解糖系⇒乳酸系	解糖系＋乳酸系※ ＋有酸素系
運動時間	0 ~ 8 秒	8 ~ 40 秒 ⇒ 90 秒	60 秒 ~ 60 分 +
走行距離	~ 80m	80 ~ 300m ⇒ 600m	800m ~ フルマラソン
努力度	100% 全力	90 ~ 100%	100 ~ 65%

※距離によって解糖系・乳酸系・有酸素系の配分は変わる。

努力度とスピードが一致する程度に本数を調整しますが、ペースを抑えて本数を増やすことは、このトレーニングの目的に適しません。

60秒走

90秒走と同様に、自分の体力と相談しながら速度と本数を決定し、最終的にオールアウトするようにします。**主に解糖系のエネルギー代謝になり、後半は解糖系が弱いほど乳酸系になり、スピード能力が低い（解糖・乳酸系が弱い）ほど有酸素系を多く利用**しなければならなくなります。

40秒走

60秒走や90秒走と同様に、自分の体力と相談しながら、速度と本数を決定し、最終的にオールアウトするようにします。解糖系で必要なエネルギーを産生できる運動時間なので、純粋にスピード能力を刺激します。**有酸素系を使う割合が少ない前提での動きや力発揮になる**ので、1500mを目指す場合などの基礎的なスピード能力の向上や確認が主な目的となります。このとき、休息時間の設定がポイントです。**40秒走と60秒走のスピードが同じにしかならない場合は、スピード能力が不足**しています。速筋を使うような練習を増やし、基本的なフォームの見直しも必要があると思います。

[60秒走と40秒走のポイント]

60秒走と40秒走の **スピードが同じ** → スピード能力に **問題**

つまり **フォームの見直しが必要！**

起伏（地形）を利用したトレーニング

目的に応じて起伏を走ることも効率的な走力アップの練習になる！

[起伏トレーニングの分類]

トレーニング	形態	走路	距離	内容
ヒルトレーニング	全力走	上り坂	80 ～ 150 m	1本1本を集中して走る
	ほぼ全力（レペ）	上り坂	200 ～ 1000 m	ダッシュより長い距離をレペティショントレーニングで反復
	連続走	上り & 下り坂	50 ～ 300 m	20 ～ 45 分間の連続往復走
	上り坂持久走	上り坂	2~15㎞	上り坂を走り続ける
ファルトレク	上り下り走	上り & ゆるい下り坂	200 ～ 400 m 上り	上りを全力ダッシュ、ゆるい下りをフォーム走
			100 ～ 150 m 下り	
クロスカントリートレーニング	ショートインターバル	上り&下り坂周回コース	200 ～ 800 m	上り&下り坂が必ず含まれるようなコースと距離を設定しての反復または持続型トレーニング
	ミドルインターバル		1000 ～ 2000 m	
	ロングインターバル		3000 ～ 5000 m	

スピードとパワーが身につく起伏トレ

パワーアップのポイントは、**抗重力運動**。上り坂は、強い重力に逆らって自分の力で駆け上がるしかないので、**筋力アップ**や**筋持久力を向上させる**効果があります。また、速く駆け上がろうとすると、全身を連動させないと難しいため、**全身持久力や酸素摂取能力の向上**も期待できます。

一方、下り坂は力を使わずに走ることができるため、速く動かすという**フォーム技術走**の効果が狙えます。

つまり、起伏を使ったトレーニングは、**スピードとパワーのレベルアップを図れる**有効なトレーニングといえます。これから紹介する起伏トレーニングは、それぞれ目的が異なるので、狙いを明確にして取り組みましょう。

ヒルトレーニング

坂ダッシュ

短めの距離を全力で走ります。100m程度の坂ならダッシュする感覚でよいでしょう。主な目的としては、**地面を押す筋群に高い負荷をかけ、筋力と高強度持続能力を高める**ことにあります。注意したいのは、脚を前に運んで上ろうとしないこと。脚を前に出して上ろうとすると、動きの感覚としては「地面を押しながら脚を出す」という遊脚のタイミングが早まり、連動がズレてしまうことになるためです（詳細はP146）。

もうひとつ重要なのが、静止状態から加速していくときこそ、より大きな力を必要とする点。筋力アップを図りたいのであれば、**徐々に加速していくイメージではなく、一気に加速する初速段階を重視**しましょう。

世界で活躍する800mの選手は、冬季トレーニングで「30m×100本以上を連続」で実施すると聞きました。高負荷の加速練習で筋力と筋持久力を高める意図でしょう。インターバルトレーニングと同じになるので、どこまで筋力アップに効果的かは疑問があるにせよ、坂の傾斜角度と距離、負荷、量、休息時間を明確にしたトレーニングが求められます。

全力走

解糖系（乳酸系）のエネルギー代謝を主に使う領域で、上り坂を何本も走るトレーニング。上り坂なので、遅いペースでもそれなりの負荷はかかりますが、**乳酸をしっかりと出すイメージで、より速い速度で実施する**ことがポイントです。

地面を押す筋群を鍛えてATPを産生させるミトコンドリアを増やすとしたら、**走り終わった後に立ち上がれないくらいまで追い込む**（グリコーゲンを枯渇させる）ことも必要です。休息をしっかりとってカラダを回復させてからくり返し行うトレーニングなので、休息を十分にとらないで次の試技を開始すると中途半端になってしまいます。休息を短くすると持続練習になり、カラダへの負荷が異種になるので、この点は明確にして実施しましょう。

連続走

50m～300mという短めの坂を、速く駆け上がって駆け下りることを連続でくり返すトレーニング。中距離の選手や、筋肉により高い負荷をかけたいならば50mでもよいですが、**長距離走をターゲットにするなら、長めの距離がベター**。ただし、上り坂が長いと戻ってくる下り坂も同時に長くなるので、休息が長くなってしまうというデメリットがあります。その兼ね合いで距離と強度を調節する必要があると思います。

狙いとしては、**乳酸を出しながら酸素摂取能力を向上させること**。**下りもゆっくりではなく、それなりに速く戻って心拍数を回復させないようにする**と、効果が高くなります。注意点は、下り坂は脚への衝撃が大きいことです。苦しいと坂を下るフォームへの意識が薄れてしまうので、脚部の故障のリスクが高まることになります。また、上り切った後と下った後が折り返しになると、そこでも脚の負担が大きくなるので、コースを周回にしたり、折り返しの円径を大きくしたりするなどの工夫が必要です。

その他の方法としては、長い上り坂があるとして、300mの坂を駆け上がって、そこで休んで（もしくは100mジョグ)、再び300mの坂を駆け上がる、ということを可能な限り反復する上り坂のみのインターバルも可能です。ただ、これは最後に長い下り坂を下ってくる必要があるので、車で輸送してくれる協力者がいないと難しいかもしれません。

上り坂持久走

長い距離の上り坂を走り続けるトレーニング。平地を走るよりも負荷が高いので、酸素摂取量が上がります。同じ走速度なら**傾斜角度が大きいほど酸素摂取量が高くなります。**スピードを上げずに酸素摂取量を高めることができるほか、最大のメリットは、**下半身が受ける衝撃が小さくなるので故障のリスクが低い**点です。有酸素系の負荷を高めて、故障のリスクを低減するトレーニングとして有効活用できます。

1500mの速さが基準となる理由

長距離走種目では最短距離となる1500mを走破できる平均速度がVO2MAX速度に等しいとされる。つまり1500m走で発揮できる能力はランナーにとっての最大値(ラストスパート時は除いて)であると考えてよい。最大酸素摂取能力、解糖系で出せる乳酸値、フォームそのものである推進力(筋力や出力、ブレーキ力)が影響し合い、1500mのタイム(速度)が決定される。1500mを速く走れるほど長距離の走力に関係する各能力が高いといえ、1500mの速度をレベルアップできれば、トレーニング次第でフルマラソンの記録も伸ばしやすくなるというわけである。坂や起伏を利用した各種トレーニングは、これら各能力を高めてくれるので、積極的に取り入れたいところ。

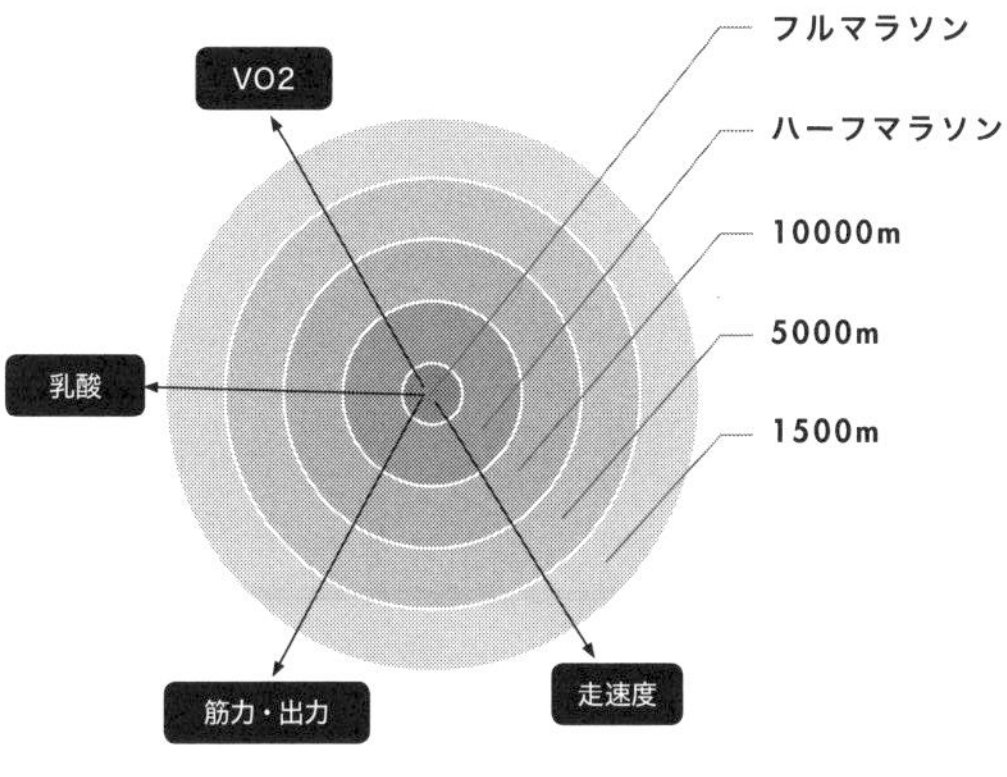

内側の円が外側の円を超えて大きくなることはない。
外側の円(1500mの記録)が小さいと
すべての円が小さくなる。

ファルトレク

小高い丘をイメージしてください。200〜400mの上り坂と100〜150m程度のゆるい下り坂のコース設定ができるとよいです。実施イメージは下図の通りです。

上り坂を全力で駆け上がるときは、地面をしっかり押し、**股関節を使ってグイグイ駆け上がる**イメージで上ります。

ゆるやかな下り坂を下るときは、全体的にリラックスしてカラダを動かします。**遊脚の脚をたたんで前方に振り出し、重心が遅れないように上から乗り込む**イメージで走ります。大きな動きのまま回転を速めるフォームの習得を目指しましょう。

上り坂が長すぎるとスピードが出ないので、経験的には、傾斜が大きくない上り坂で、300m程度がちょうどよいと思います。

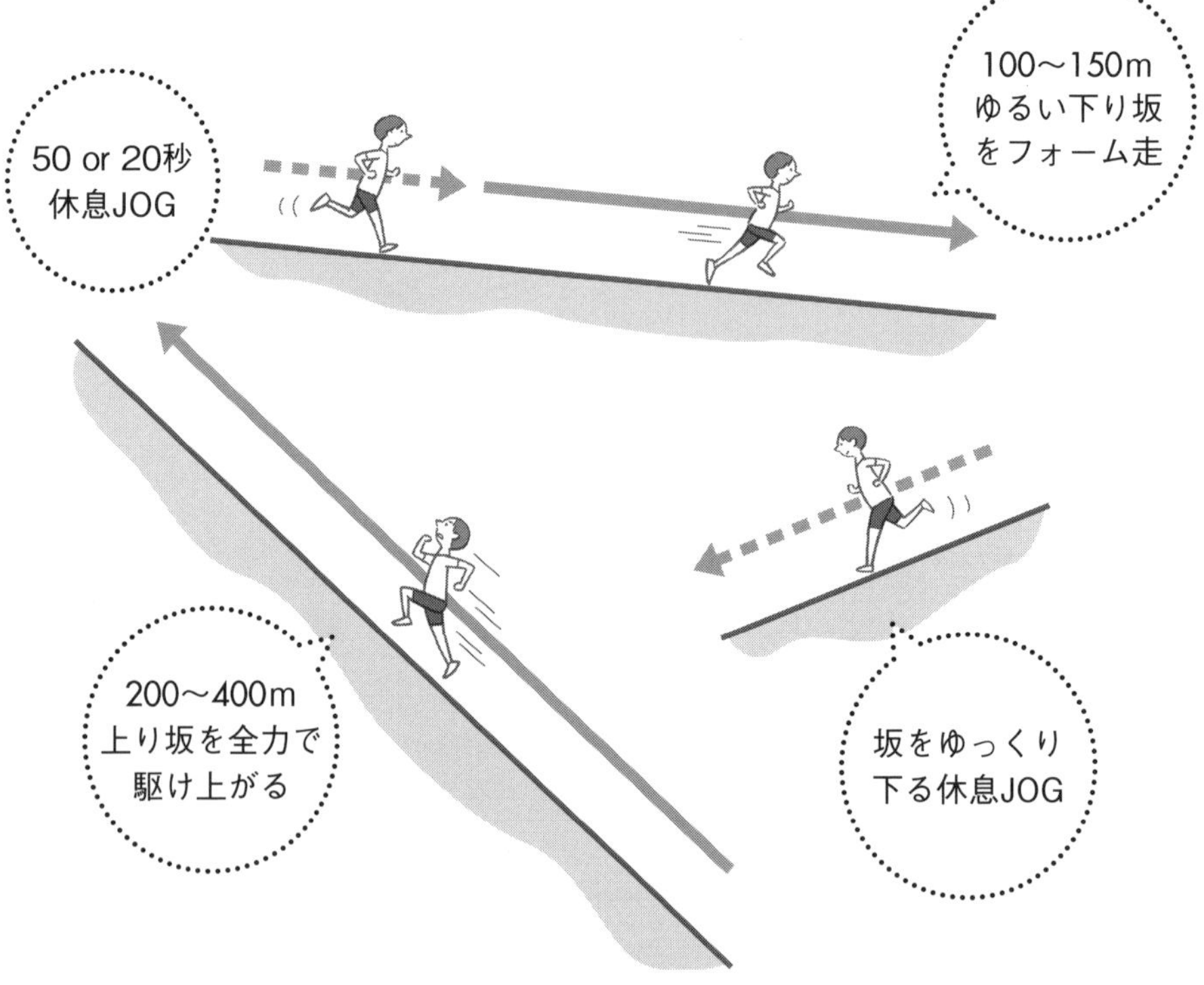
100〜150m
ゆるい下り坂
をフォーム走
50 or 20秒
休息JOG
200〜400m
上り坂を全力で
駆け上がる
坂をゆっくり
下る休息JOG

クロスカントリートレーニング

インターバルと同様に、どの領域の負荷をカラダに与えるかをコース形態とともに考えることになります。周回コースならば、高低差があっても平均すれば0になりますが、上りがあって、下りを闇雲に速く走れないことを考えると、平坦コースより設定タイムは遅くなりますが、負荷は大きくなります。ポイントは、**ペースを上げる区間で必ず上りと下りがあるようにコース設定する**ことです。

クロスカントリー走のよいところは、**上り勾配の区間で負荷がかかり、乳酸が出やすくなる**こと。地面を押す必要があるので、ペースを上げることで同時に**パワーアップを図ることができます**。

一方で、下り坂は、乳酸を消費しながら走り、カラダを回復させることができます。下りは、ファルトレクで示したように、フォーム走として遊脚の動きを改善できる練習にもなります。

上り坂と下り坂を同時に利用できることが最大のメリットといえます。

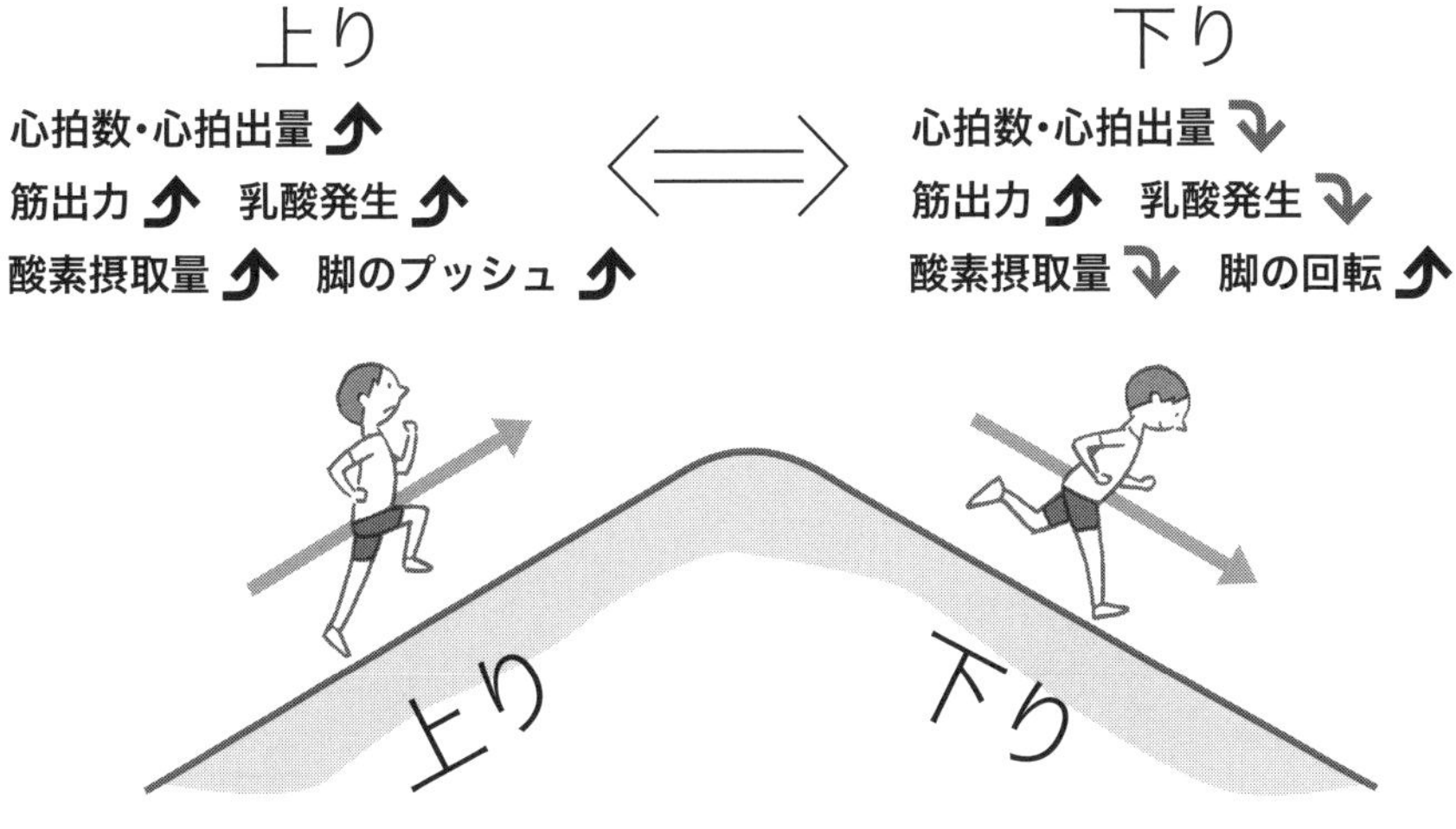

トレーニング

目標設定に役立つ!「条件クリア」の目安は?

長距離レースにおいて、自分がどのレベルまでのタイムを目標に設定し、トレーニングを積めばいいのか? その基準となるのが、**1500mのタイム**です。この距離は、スピード要素とエネルギー代謝という長く速く走る主要素をMAXで使用するため、**中長距離競技の最小単位**といえます。たとえば、1500mで1km3分33秒ペースを切れないランナーは、どんなトレーニングを積んだとしても、フルマラソンをサブ2・5(1km3分33秒ペース)で走ることは不可能です。ベースとなるスピードがあって、それをいかに持続させるかでしか、トレーニングでの強化は考えられないからです。

1500mのタイムから見える強化方針

アスリートの場合、プラス5秒の法則(P100)で考えることができると述べましたが、日本記録保持者の大迫傑選手の1500mのタイムから予測すると、2時間4分28秒まで記録を伸ばせることになります。トレーニングで課題を克服し、レース環境やコンディションさえ整えば、まだ日本記録を更新できる可能性があるわけです。

レベルが下がるほど、ペースタイムのプラス幅は変化しますが、ある程度の1500mの基準タイム&ペースをP126に示したので、目標設定の参考にしてみてください。自分のフルマラソンの目標に対して、**スピードが十分であれば持久力の強化を優先**にし、**1500mのスピードが不足していれば、まずはフォームの改善や筋力アップ**でスピードを身につけることを優先しましょう。

1500mのタイムを基準に考えれば、目標のタイムや、自分がどのような強化をすべきかの課題も見えてくるはずです。

1500mのスピードがすべての基準になる！

フルマラソンの目標設定は、1500m走のタイムを基準に考える！

スピード要素
- フォームの効率
- 筋肉量
- 筋力

＋

エネルギー代謝
- 解糖系
- 乳酸系
- 有酸素系

速く長く走る能力の主要素をMAXで使用する ⟹ **1500m走は中長距離競技の最小単位といえる！**

〜日本記録はどこまで伸ばせるか？〜

アスリートの場合、「プラス5秒の法則」（P100）で予測できる

[大迫傑選手の自己ベスト]

距離	1500m	3000m	5000m	10000m	15㎞	ハーフ	フル
タイム	3：40	7：40	13：08	27：38	—	61：01	2：05：50
ペース/km	2：26	2：33	2：37	2：45	—	2：53	2：58

＋7秒 遅　＋4秒 速　＋8秒 遅　＋8秒 速　＋5秒 速

1500mのペースタイムに30秒（5秒×6）を
加えたペースでフルマラソンが走れると予測
結果、**2時間4分28秒**で走れる可能性が！

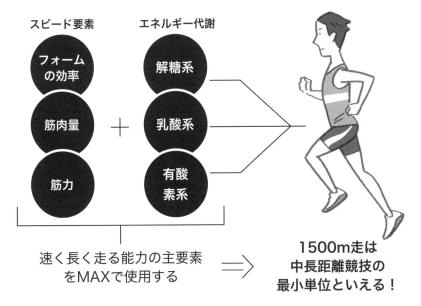

1500mのタイムから目標を立てる！

自分のタイムと比較し、目標レベルのタイムを満たしているか？

～レベルによってプラス幅が変化する～

レベル	1500m の基準タイム		フルマラソンの目標ペース
サブ2.5	タイム	4：34	30秒(5秒×6)をプラスしたペース3:33
	ペース	3：03	
サブ3	タイム	5：10	48秒(11+9+8+7+6+7秒)をプラスしたペース4:15
	ペース	3：27	
サブ3.5	タイム	6：00	58秒(13+11+10+8+8+8秒)をプラスしたペース4:58
	ペース	4：00	
サブ4	タイム	6：45	70秒(15+13+12+10+10+10秒)をプラスしたペース5:40
	ペース	4：30	

※ P102 のグラフを参照

1500mのタイムが満たされない場合は？

フォームの改善 ＋ **筋力（速筋）UP** ＝ **スピードUP**

フォームの改善 → P65のエクササイズやドリルでフォーム効率を高める！

筋力（速筋）UP → 筋トレ（P78）や高強度の起伏トレ（P118）で筋力UP

➡ まずはスピードを身につける！

目標タイム別 RUNトレ 3ヵ月メニュー

フルマラソンの目標タイム別に、3ヵ月のトレーニングメニューを紹介！

INDEX

トレーニング

マラソンを走るために3カ月間でやるべきこととは？

3ヵ月間で万全の準備をする

基本のトレーニングを積み、目標のレースが決まったところで、フルマラソンを走るための準備を始めます。目標のペースで走りきるために、最低でも**3ヵ月間の準備期間**をとって、しっかりとカラダをつくっていきましょう。この項では、サブ2・5からサブ4まで、**目標のタイム別に3ヵ月間のトレーニングメニューを解説**しますが、基本的な考え方は、全レベル共通です。

本番レースの**3ヵ月前**は**「スタミナ養成と脚づくり」**をテーマに、エネルギー源である筋グリコーゲン量（体内貯蔵）の増加と脂質代謝（有酸素機能）の促進を図ります。走り込みを行って、42・195㎞に耐えられる全身のスタミナと脚をつくっていきます。

2ヵ月前は、**「スピード持続と持久力UP」**がテーマ。酸素摂取能力を高める起伏走や、上り坂レペ走、ハーフマラソンのレースなどを活用し、LTペースの引き上げを狙います。

1ヵ月前は**「LT速度でペース走をくり返す」**をテーマに、LTペースの感覚を徹底的に定着させます。この時期のスピード練習もLTの確認と、筋肉への刺激として考え、LTペースを引き上げることより、LTペースで走る距離を長くすることや、LT練習の頻度を多くすることを重視しましょう。また、3ヵ月の間に、**定期的に筋力トレーニング**を入れ、筋刺激による成長ホルモンの分泌をうながすと、走り込みによる消耗を抑えられる感覚があります。同時に練習前のウォームアップとして、**フォームの効率を高めるエクササイズやドリル**なども並行して実践し、栄養バランスや睡眠をしっかりとるなどの生活習慣にも留意しましょう。

マラソン準備3ヵ月間における基本の考え方

筋力トレーニング&フォーム改善ドリル

3ヵ月前
スタミナ養成と脚づくり

・起伏コースで走り込み　・持久走or山歩き　・クロカンインターバル

筋トレで全身
(とくに脚の筋肉)
を強化し、
成長ホルモン
を分泌させる

距離に
耐えられる
全身のスタミナと
脚をつくる

2ヵ月前
スピード持続と持久力 UP

・ロードレースを活用　・上り坂レペ走　・軽い起伏で持久走

ハーフマラソンや
持久走を活用して
LTペースを
引き上げる

酸素摂取能力を
高める上り坂走や
起伏コースで
走り込む

1ヵ月前
LT 速度でペース走をくり返す

・ペース走(LTペース)　・LTまで上げるビルドアップJOG　・調整

ランニング
エコノミーを
高める
フォームに改善

LT速度の
ペース走で
動きやLTの確認

目　標　レ　ー　ス

アスリートレベル

サブ2・5

2時間30分切り

より高い精度のフォーム追求が大事

　2時間30分を切るための条件としては、まずスピード。**1500mのタイムが4分34秒**（ペースタイム1km3分03秒）をクリアしておきたいところです。

　このレベルになると、大幅なタイムアップは難しくなるため、**より精度の高いフォームの確立が必要**となります。年間を通してフォームの修正や調整を図るとともに、高強度のトレーニングで**乳酸の産生と処理能力を高める**ためのシーズンを期分けして強化することが大切です。フルマラソンの準備に入る前に、スピードに対する余裕度を高めておくことが成功のカギを握ります。

　本番までの3ヵ月を迎える前に、ある程度の手応えを感じていれば、あとは長距離に特化した練習でフルマラソンに対応できるカラダに仕上げていくだけです。

サブ2.5のRUNトレ3ヵ月メニュー

3ヵ月前　スタミナ養成と脚づくり

10kmレース参加

月	REST
火	筋トレ／BIKEインターバル
水	20km起伏走+5000m
木	WALK or SWIM
金	筋トレ／JOG
土	400～1000mのインターバル
日	16～25km起伏走 （起伏がしっかりあるコース）

1W　2W　3W　4W

2ヵ月前　スピード持続と持久力UP

1W：少し調整／ハーフマラソンレース参加

2W〜4W：

月	REST
火	筋トレ／BIKEインターバル
水	1200〜2000m×4〜7 or 16㎞ペース走+400m
木	60分ビルドアップJOG
金	筋トレ／JOG
土	500〜1000m×4〜8 上り坂レペ走
日	20〜30㎞持久走 (少し起伏があるコース)

1ヵ月前　LT速度でペース走をくり返す

1W：調整なし／ハーフマラソンレース参加

2W〜3W：

月	REST
火	筋トレ／BIKE
水	16〜20㎞ペース走(LT90〜95%)
木	WALK or SWIM or BIKE
金	16㎞ペース走(LT90〜95%)
土	筋トレ／JOG
日	12〜16㎞ペース走 (LT95〜100%)

4W：調整／目標マラソンレース

上級レベル

サブ3

3時間切り

フォームの確認・見直しから

市民ランナーのレベルとして上級クラスとなるサブ3。一般ランナーでありながら、生活をある程度は犠牲にし、**アスリート並みの鍛錬が必要**となるレベルです。

目標設定の条件としては、**1500mのタイムが5分10秒**（ペースタイム1km3分27秒）をクリアすること。走力はあるものの、意外にフォームにクセを持っているランナーが多いので、フォームの確認と見直しをしっかり行っておくことが大切です。

とくに確認してほしいのが、タイミング。**接地〜乗り込みの重心とタイミングにわずかにずれがあるだけで、数分のロスにつながります。** 目標達成まであと数分、3時間ひと桁台まで迫っているようなランナーは、その辺りに注目してみるのもよいでしょう。

サブ3のRUNトレ3ヵ月メニュー

3ヵ月前　スタミナ養成と脚づくり

10kmレース参加（1W）

月	REST
火	筋トレ／BIKEインターバル
水	上り坂走インターバル
木	ロングJOGラストはビルドアップ（90分）
金	筋トレ／JOG
土	400〜1000mのインターバル
日	16〜20km起伏走（起伏がしっかりあるコース）

1W　2W　3W　4W

2カ月前　スピード持続と持久力UP

少し調整

ハーフマラソンレース参加

月	REST
火	筋トレ／BIKE or JOG
水	1000m×5 or ファルトレク
木	ビルドアップJOG（60分）
金	筋トレ／JOG
土	500〜1000m×5〜8 上り坂レペ走
日	16〜25㎞持久走 （少し起伏があるコース）

1W　2W　3W　4W

1カ月前　LT速度でペース走をくり返す

調整なし

ハーフマラソンレース参加

月	REST
火	筋トレ／BIKE
水	12〜16㎞ペース走（LT90〜95％）
木	WALK or SWIM or BIKE
金	ビルドアップJOG （60分／〜LT100％）
土	筋トレ／JOG
日	16〜20㎞ペース走 （LT95〜100％）

調整

目標マラソンレース

1W　2W　3W　4W

中級レベル

サブ3・5〜サブ4

3時間30分切り〜4時間切り

それぞれの課題克服がカギ

中級クラスといえるサブ3・5〜サブ4。このレベルは鍛錬度に差があるため、個人ごとの課題にバラツキがあります。

1500mのタイムは、サブ3・5が6分（ペースタイム1km4分）、**サブ4が6分45秒**（ペースタイム1km4分30秒）なので、スピード的にクリアできるランナーが多いと思います。そのため、ほとんどが、**スタミナに課題がある**と考えられ、練習頻度が少ないか、走行距離が単純に不足しているケースが多いです。

ここで注意したいのがケガ。急に練習の負荷が増えると、フォームが未熟な場合は故障する可能性も。走り込みに入る前に、下半身の筋力強化を図り、フォームをある程度修正しておく必要があると思います。

―― サブ3・5〜サブ4のRUNトレ3ヵ月メニュー ――

3ヵ月前　スタミナ養成と脚づくり

1W：10kmレース参加

月	REST
火	筋トレ／BIKEインターバル
水	坂道トレーニング
木	ビルドアップJOG（60分／JOGから徐々に上げる）
金	筋トレ／JOG
土	400mのインターバル
日	20kmJOG or LSD（120分）（起伏がしっかりあるコース）

1W　2W　3W　4W

※レベルやスケジュールの都合で、頻度に限りがある場合は最低週3回はトレーニングに当てること。
※LSD…ゆっくり長く走るトレーニング。

2ヵ月前　スピード持続と持久力UP

1W：少し調整／ハーフマラソンレース参加

2W〜4W：

月	REST
火	筋トレ／BIKEインターバル
水	400〜1000mインターバル
木	ビルドアップJOG(60分) (起伏コース)
金	筋トレ／JOG
土	500〜1000m×3〜5 上り坂レペ走
日	16〜25㎞持久走 (少し起伏があるコース)

1ヵ月前　LT速度でペース走をくり返す

1W：調整なし／ハーフマラソンレース参加

2W〜3W：

月	REST
火	筋トレ／BIKE
水	12〜16㎞ペース走 (LT95〜100%)
木	WALK or SWIM or BIKE
金	ビルドアップJOG (60分／〜LT100%)
土	筋トレ／JOG
日	12〜20㎞ペース走 (LT95〜100%)

4W：調整／目標マラソンレース

課題を克服！

目的別RUNトレメニュー

ランナーによって、課題はさまざま。それぞれの問題をクリアして、レベルアップを図るべく、目的別のトレーニングメニューを解説！

１５００ｍのベストタイムを更新したい！

１５００ｍの記録の伸びにつなげるには、**スピードと持続という観点で分けて考える**必要があります。速く走ったからといって、スピードが養われるわけではありません。走るトレーニングのほとんどが持続するためのトレーニングだからです。

●スピード能力を高める

フォーム改善練習／関節の可動域向上／筋力トレーニング／上り坂走／ファルトレク／スプリント走（150ｍ走、40～90秒走ほか）／乳酸産生・処理能力の向上（高強度バイク）

●有酸素能力を高める

ペース走／ビルドアップ／レペティション／ランニング＝10km程度の質の高いジョギング

これらのトレーニングを同時期に全て実施することは困難なので、1年のシーズンで考えるべきでしょう。１５００ｍの記録が５０００ｍ以上の距離の記録短縮にも通じることを考えると、春に１５００ｍに向けた段階的なトレーニングを処方していくこと。**スピードを高めて**

からの持続練習という順番で準備できると、１５００mの記録向上は期待できます。

忘れてはならないのは、**試合期になったら質の高い有酸素系トレーニングも重視**することです。さらに、スピード練習以外の回復日などのジョギングをイージーではなく、ミドル以上のジョギング、理想はランニングのペースに近づけて、ゆっくり長く走らないことです。

１５００mは、長距離選手にとっては究極に近いスピードが求められることになります。「スピード練習を沢山しなければ」と思いがちですが、それを優先するのではなく、いかにリラックスした状態でスピードが出せるかに注目し、自分自身を観察してください。

カラダの伸縮ができるかが大事なところで、動き（カラダ）に伸びが出てストライドが広がるかがポイント。単にピッチを速めて走っても持続できません。速いペースであれど、どれだけ小さな出力で重力や空気抵抗による減速を抑制できるかに懸かっています。そういう観点でスピードの持続ということを評価していくと、トレーニングの考え方の答えが見つかるはずです。

トレーニングのイメージ

1 準備期

・パワーアップトレーニング（ファルトレク、筋力トレーニング）
・乳酸産生＆耐乳酸トレーニング（高強度バイクトレーニングなど）
・フォーム改善（動きづくりエクササイズ＆ドリル、ハードルジャンプなど）

2 移行期

・高強度ショートインターバル
・ビルドアップ
・上り坂走

3 仕上げ期

・スピード持続練習（レペティション）
・有酸素系トレーニング（ペース走、ミドルインターバルなど）
・フォーム仕上げ練習（マーク走、150mスプリントなど）

※マーク走…路面に目標ストライドの間隔で印をつけ、印に歩幅を合わせて走る練習。

5～10㎞のベストタイムを更新したい！

レベルの高い5～10㎞のレースをしたいのであれば、乳酸値7～9mmol／ℓを出せることが前提です。**乳酸が発生しないとそもそもスピードが出せません。**これはアスリートの話になりますが、市民ランナーでも、記録を高いレベルに伸ばしたいのであれば、**スピードを上げて走った場合に、乳酸が発生するカラダである必要があります。**そうでない場合、ある程度は乳酸を出せるカラダに変えていくトレーニングが必要です。

5㎞以上のパワーアップトレーニングは、前述した1500mに向けた段階的な準備をすればよいと思います。フォームがある程度完成しており、1500mに対応できるスピード能力がある場合は、無気的持続能力を高めるLT～OBLAの変化走やミドル・ロングのインターバルを取り入れるとよいでしょう。そういう観点で2つのアプローチが考えられます。

●1500mのレースペースに難なく対応できるタイプ

スピードが出せて、乳酸をたくさん出せる代謝回路もあるので、準備としては**持久系トレーニングが中心。**20㎞走やクロスカントリーで出力を上げながらの持久走、上り坂を連続で走るなど、有酸素能力を高めて、質の高いスピード練習を多く消化できる体力を養います。**有酸素能力の基盤を底上げして、最大酸素摂取能力を高める**ことができれば、質の高い仕上げ練習が可能となり、簡単に記録は伸ばせます。

●1500mのレースペースに対応できないタイプ

このタイプは、フォームの1歩の出力が小さかったり、ピッチを速めて対応しがち。カラダは速筋が少ないか、速筋を使えていない状態になっています。代謝能力は、（筋組成に大きく起因するが）乳酸を出せる解糖系の代謝回路が発達していないことが考えられます。

筋組成でいう**中間筋を速筋寄りの性質に変え、ミトコンドリアを増やさなければなりません**が、容易なことではなく、**解糖系（乳酸系）を積極的に使う**スピードを高めた走練習を多く取り入れる必要があります。ただ有酸素練習を減らすとパフォーマンスが低下する可能性があるため、より段階的な準備を考えなければなりません。

1500mのレースペースに対応できるタイプ

1 準備期

・有酸素トレーニング(20㎞走、クロスカントリー、連続上り坂走=40分間上り下り走)
・筋力アップトレーニング(筋トレ、ジャンプ系トレーニング=股関節貢献度アップ)
・フォーム上達練習(ファルトレク、スプリントドリル)

2 移行期

・高強度ショートインターバル
・ビルドアップ
・ペース走
・上り坂走レペティション(400〜800m)

3 仕上げ期

・ミドルインターバル
・ロングインターバル
・変化走

1500mのレースペースに対応できないタイプ

1 準備期

・有酸素トレーニング(20㎞走、クロスカントリー、長めの上り坂走=1〜2㎞)
・筋力アップトレーニング(筋トレ、ジャンプ系トレーニング=股関節貢献度アップ)
・フォーム上達練習(ファルトレク、スプリントドリル)

※解糖系の代謝能力が未発達で走練習による効果が出にくい場合、高負荷のBIKEトレーニングなどで代用すると、解糖系への刺激を高めることができる。

2 移行期

・乳酸系トレーニング(サーキットトレーニング、高強度ショートインターバル、ビルドアップ、ペース走)

3 仕上げ期

・実践型ショートインターバル
・ミドルインターバル
・ロングインターバル
・変化走

※サーキットトレーニング…複数の筋トレやエクササイズを組み合わせ、連続で行うことで有酸素運動の効果も高めるトレーニング。

ハーフマラソンのベストタイムを更新したい！

基本的な考え方としては、5000m～10000mの練習を積んで記録を出した選手が、距離を伸ばすというイメージが正しいと思います。

その練習がハーフマラソンでいう準備段階になるからです。

市民ランナーであるならば、**5～10kmのロードレースに積極的に参加**しながら、トレーニングを進めていく流れがよいでしょう。

まずは、**5～10kmのトレーニング**を積み、移行期に入ったら、**20～25kmの持久系トレーニング**をくり返し、スタミナを高めます。

実践練習期には、さらに**ミドルからロングの長めのインターバルやLT～OBLAの変化走**で、これまでに培ったスピードとスタミナの能力を合わせ、ハーフの距離に耐えられるスピード持続能力を強化していきます。

トレーニングのイメージ

1 準備期

・ある程度の期間を用いて、5～10kmのトレーニングを積む

2 移行期

・20～25km走をくり返し、持久系練習に耐えられるスタミナを最大限に高める
・クロスカントリー走で脚づくり、ファルトレクで出力アップとフォーム改善（維持）

3 実践練習期

・ミドルインターバル
・ロングインターバル
・変化走

平均ピッチを上げたい！

ピッチを上げる意識は、あまり必要とは思いません。ピッチを意識すると、地面を押す前に、脚を前に出そうとしてしまうために、ストライドが広がりません。ピッチを上げるためには、**「どれだけ力を抜けるか？」「伸ばせば長い棒となる脚をどれだけ折りたたんで、後ろから前に運べるか？」**が重要なポイントになります。

脚に力が入ると折りたたむことは難しくなるので、遊脚を速く動かすためには、**脚が脱力した状態で上体（背中と腕＝肩甲骨）を使って前に出せるか**が重要です。

長距離走の場合は、支持脚にしっかり乗って地面を押して上体を捻転させることで腰を動かしていきます。**ミニハードル走**などは障害物を乗り越えるので、脚を折りたたんで動かす練習にもなります。**ファルトレク**のような上り坂を、腰を動かしてダイナミックに走り、その動きの感覚を下りに落とし込むことができるとよいです。下り坂のよいところは、リラックスしやすい点。力を抜いてカラダを動かす感覚を養いましょう。

トレーニングのイメージ

- 軽い下り坂走
- ファルトレク
- ハードルドリル
- ハードル走
- ミニハードル走
- マーク走
- スティック走

※スティック走…スティックラダーを一定間隔に配置し、歩幅を合わせて走るトレーニング。ピッチ向上目的の場合は、素早くリズミカルに走り抜けることを意識。

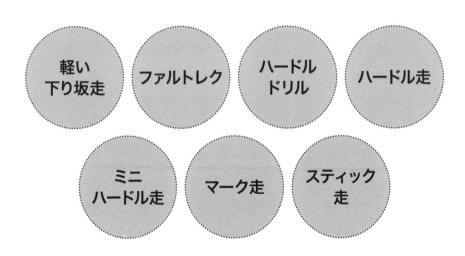

平均ストライドを広げたい！

足関節（足首）のジャンプ動作だけでストライドを広げようとするのはNGです。

ストライドを広げるために遊脚を前方に大きく振り出そうとすると、後ろ脚の引き戻しで上体が後ろ向きの動きになり、接地直後のブレーキが大きくなるので、全体のバランスで脚の振り出し幅を考えないといけません。

したがって、**全身の連動と協調のなかで、自然とストライドを広げる**ことが求められます。

左のトレーニングのイメージでわかる通り、**なにかを越えて走る・跳ぶ**、または、**抗重力**（上り坂・階段上り・段差上りなど）**ランニング**が効果的です。

なにかを越えて走る場合、足首に頼ったジャンプになると、スムーズな走りができないと思います。連続ジャンプでスムーズに進んだとしても、それは連続ジャンプであり、走りではありません。そんな走りでは速く動かせませんし、その動作を長く続けることは困難です。

階段を1～2段抜かして上るときに、カラダをどう使うかに、自分の動きの特徴が表れます。全身をうまく連動できない人は、足首を使って軽く跳びながら脚だけを極限まで伸ばして上っていこうとするはずです。腰を使えない人は、段差の大きい階段を上ると、左右にブレて動いていくと思います。**片脚でカラダを支えて上下の捻転差を生み出して腰を機能させられる**と、ラクに段差をクリアしてまっすぐ上っていけると思います。

この階段練習も効果的ですが、踊り場が幅広い階段があるとトレーニングとしては理想的で、駆け上がった後に平坦路で走ることで、ストライドが伸びていることを実感できると思います。

また、**ミニハードル走**も有効です。安価なディスクコーンやスティック（棒の切れ端）、石でもなんでもよいです。それらを乗り越えて連続で走る練習は、全身を使う練習になります。狭い間隔から徐々に広げていくとよいでしょう。

全身を連動させて股関節が使えないとストライドを広げて連続で走ることは難しいので、動きのチェックにも使えます。広げていけない場合は、股関節を使うジャンプ系トレーニングを取り入れる必要があると思います。

トレーニングのイメージ

- ハードルジャンプ
- バウンディング
- 階段上り（踊り場が広い場所で行う）
- 階段上り（1〜2段抜かし歩き）
- 上り坂走（ダイナミックに走る）
- ファルトレク
- ハードルドリル＆ハードル走
- ミニハードル走
- マーク走
- スティック走

※ハードルジャンプ…一定間隔に設置されたハードルを両脚ジャンプで越えていくドリル。足関節を固定し、股関節の屈曲＆伸展で跳ぶことを意識する。

やってはいけないNG動作

カラダが左右にブレる！

脚だけを極限まで伸ばそうとする！

スピードを底上げしたい！

走るスピードの基本は、**身体パワー（筋肉）**と**骨の動きやすさ（関節）**、それら筋肉と骨を連動させて**関節をコントロールする技術（伝達力）**です。

筋力が高いほうが、カラダを支えつつ、骨を動かす速度を速めることができます。たとえば、空中で腕を回転させるとしたら、力を抜いて動かせば、誰でもある程度は速く回転させることができると思います。では、重りを持ったらどうでしょう。筋力が必要なので、パワーがある人が速く回転させられるはずです。でも、腕を速く回転させるために必要なのは腕力ではなく、実は、肩関節を動かす筋群だったり、体幹の筋力だったりします。

その法則を解説すると、重りを持ち上げる周期は、筋力を使いますが、重りを下ろす周期は、力を抜いたほうが回転の速度を高めることができるかもしれません。**力まかせに振り下ろすことで回転速度は上がりますが、それでは長持ちしません。**

では、重りを持って両腕を回転させることをイメージしてください。普通は、交互に持ち上げて振り下ろす腕の回転にするはずです。左右同時に上げて同時に振り下ろす人はいないと思います。それは、なぜでしょうか？肩の関節が動きにくい。つまり、体幹がうまく使えないからです。交互に回すことで、上体をひねることができ、肩関節がよく動いて筋肉への負担も分散されます。

交互に回転させる場合、左腕で持ち上げているときは、右腕は振り下ろします。体幹がひねられると、持ち上げる肩と振り下ろす肩のそれぞれの動きを互いに利用して回転させることができます。

ランニングも同じです。**多くの人が思っているほど脚力は必要ではなく、腰（骨盤）の回転・回旋の動きを左右で利用することで、大きな筋力を使わずに済む**のです。

その原理としては、下腿の筋肉で跳ぶように走るのではなく、ひざを作用点のようにする動きができるかです。下腿を棒として、その棒で地面を押すという感覚（P48）を養う必要があります。

この感覚を養うために、ジャンプ系の運動で股関節を積極的に使いつつ、適度な脱力も覚えましょう。

着地の接地を修正したい！

接地の善し悪しは、P34「接地」の項で説明したように、**足が着地したときに、重心位置がどこにあり、脚がどんな形（屈曲度）をしているかで、ほぼ決まります。**カラダ全体の形と各部位の位置に対して接地がどうなっているのか？　その後の動きにどういう影響を与えているか？　総合的に評価しないといけません。

接地方法を修正するうえで重視しなければならないことは、**走動作への股関節の貢献度を高める**ことです。そのうえで「足首とひざ関節を正しく曲げ伸ばしできているか」、さらにいうと「腕がリラックスして前後に振れ、上半身のねじれが発生しているか」という観点で評価しながら、修正を図ることが大切です。その結果、推進力が高まり、故障を減らすことができます。

今、フォアフットが流行っていますが、意識しすぎるあまり、腰を反って上体が前方に突っ込み、脚を棒のように使うために、上半身（と腰も含む）が機能せずに、乗り込み動作だけで推進力を得るフォームで走る方を多く見かけます。左右のブレ（重心移動）が大きくなるのは必至で、棒の脚をさらに伸ばそうと回旋させ、脚が蹴り上がるなどの悪影響で、シンスプリントやアキレス腱痛などのさまざまな故障を発症している選手を多く見かけます。

つまり、接地は、カラダ全体が連動・調和して走ることの一部であり、足の接地とカラダの使い方は、どちらも相互に影響を与え合います。接地の仕方から修正するのではなく、**カラダの使い方を習得することから始めて、スムーズな走りになる接地を心がけましょう。**

接地	フォア	フォアミッド	ミッド	ヒール
接地時の重心位置	近い	やや近い	普通	遠い
接地時の下半身の屈曲	浅い	普通	やや深い	浅い
接地時の沈み込み	小さい	やや小さい	普通	大きい
足の加重移動	ずっとフォア	フォア寄り	ミッド⇒フォア	ヒール⇒ミッド⇒フォア
推進手段	反発／地面反力／起こし運動（P148）	乗り込み／反発（弾性エネルギー）	乗り込み／関節屈伸（テコ）／反発（弾性エネルギー）	関節屈伸／重心移動

上り坂のフォームを身につけたい！

上り坂は、ストライド（P142）と平均ピッチ（P141）の項で説明した動きが求められます。**地面をしっかり押す動作**と、**脚をラクに出していく動作**のどちらも重要な働きをします。

重力に逆らって坂を上がっていくわけですから、地面を押してカラダを運び上げるしかありません。力まかせに上げても、動きや筋力は長続きしないので、乗り込み動作とテコの原理が必要となります。そういう意味で、**重心の遅れは禁物**。脚を前に出そうとして腰が引けないように注意することが大切です。

体重（BMI）という観点を加味してフォームを考えることもできます。

●体重が重い（BMIの値が大きい）場合

地面をしっかり押して坂を上っていくこと。それができたうえで、脚を出す意識を持つことが大切です。

●体重が軽い（BMIの値が小さい）場合

遊脚の振り上げ動作で坂を上がっていくことが可能になります。地面を押すのはもちろんですが、カラダが軽い場合は、遊脚の加速度を利用することで十分に進んでいくことができます。

山の神に見る上り坂フォームの違い

箱根駅伝の「山の神」といわれた代表的な選手を例にしてみると、

●地面をしっかりと押すタイプ

今井正人（順大）、柏原竜二（東洋大）

●振り上げ動作で上るタイプ

神野大地（青学大）

今井選手は、低い重心そのままに、柏原選手は、乗り込み動作から大腿骨を後方までしっかり押し込むことで、接地時間（支持期）が非常に長い走りをします。今井選手は重心が低く上方に跳ばないので、ピッチを速めることができる走りですが、柏原選手は、けっこう上方に跳ぶので、ピッチを速めることは難しいと思います。どちらの選手も**地面をしっかりととらえて時間をかけて地面を**

押すので、1歩の推進力は抜群だと想像できます。
一方で神野選手は、**カラダの回転動作で脚を前に出していく**タイプ。カラダの前面を開き気味にして、回転動作を利用して胴体を脚の前に押し出すようにして推進力につなげていく走りは独特です。遊脚を振り出す加速度を利用して推進力を高めていくので、カラダが軽くないとこのような走りをすることは難しいと思います。

酸素摂取能力も上り坂に影響

フォーム以外にも、酸素摂取能力が上り坂の走力には大きく関係します。抗重力運動であるため、負荷がとても大きく、上り坂を速く走るには多くの酸素が必要となります。

最大酸素摂取量は、1分間に取り込める酸素の最大量を体重で除して示されます。より多くの酸素を必要とする上り坂は、**上り坂に強いフォームであるか否かの前に、酸素摂取能力と体重が大きく関係する**ことを認識しなければなりません。

上り坂フォームのポイント

肩甲骨が動くよう
前後に腕を振る
腕は下から
斜め上に振る
深い前傾
腰で路面をとらえる
イメージ
遊脚は
力を抜き、
地面を押して
から上げる
イメージ
軸脚にしっかり
乗り込んで地面を押す
かかとは着かないが、
かかと側で
地面を押す

下り坂のフォームを身につけたい！

下り坂に適したフォームは、**「脚の回転」**がポイントになるといわれています。なぜなら、大きな重力が働くので、ブレーキをかけなければ、どんどんスピードが上がっていくからです。ストライドを広げて坂を下っていくと、それだけ大きなブレーキを受けとめなければいけません。その衝撃と負荷に耐えられる強い筋肉が備わっていれば克服できますが、なかなか難しいと思います。

衝撃を抑えるフォームとは？

下り坂を駆け下りる場合、**衝撃の負担を少しでも減らすフォーム**が必要となり、かつスピードを維持するためには、ストライドに頼るのではなく、**脚の回転（＝ピッチ）を速める**ことが求められます。

下り坂を駆け下りるには、ひざの位置を固定しないと、ひざ関節を力点とした「**起こし運動**（カラダを屈曲して沈み込ませた状態から伸展してカラダを起こす）」ができません。つまり、大腿部前面の筋肉は、ひざの位置を固定するために**増張性筋収縮**（坂を下りるほど加速が増し、それに伴って筋収縮の張力が増幅していく）を強いられます。坂を駆け下りる加速度が加わって、相当な負荷がかかるので、1歩1歩の衝撃を受けとめるようなストライド走法は、下り坂には向きません。つまり、脚の回転を速めることで、増張性筋収縮の負担を少しでも減らすことが有利に働くのです。

股関節でカラダを支える

そのためには、足関節（足首）やひざでカラダを支えてはいけません。足首やひざで支えようとすると、衝撃を緩和するために、関節が動いてしまいます。負担を減らすには、**カラダを股関節で支える**ようにしてピッチを速めること。股関節で支えることで、下半身の筋肉の働きが最小限になるので、衝撃に耐える筋収縮を減らすことができます。また、腕振りが横振りになると、上体が反っていくので、余計にブレーキが大きくなります。手のひらをやや下に向けつつ、前後に振ることを意識し、必要以上に上体が反らないように意識しましょう。トレーニングとしては、ひざの位置を固定して次の1歩に移るようなジャンプ動作や、走技術練習が適しています。

下り坂フォームのポイント

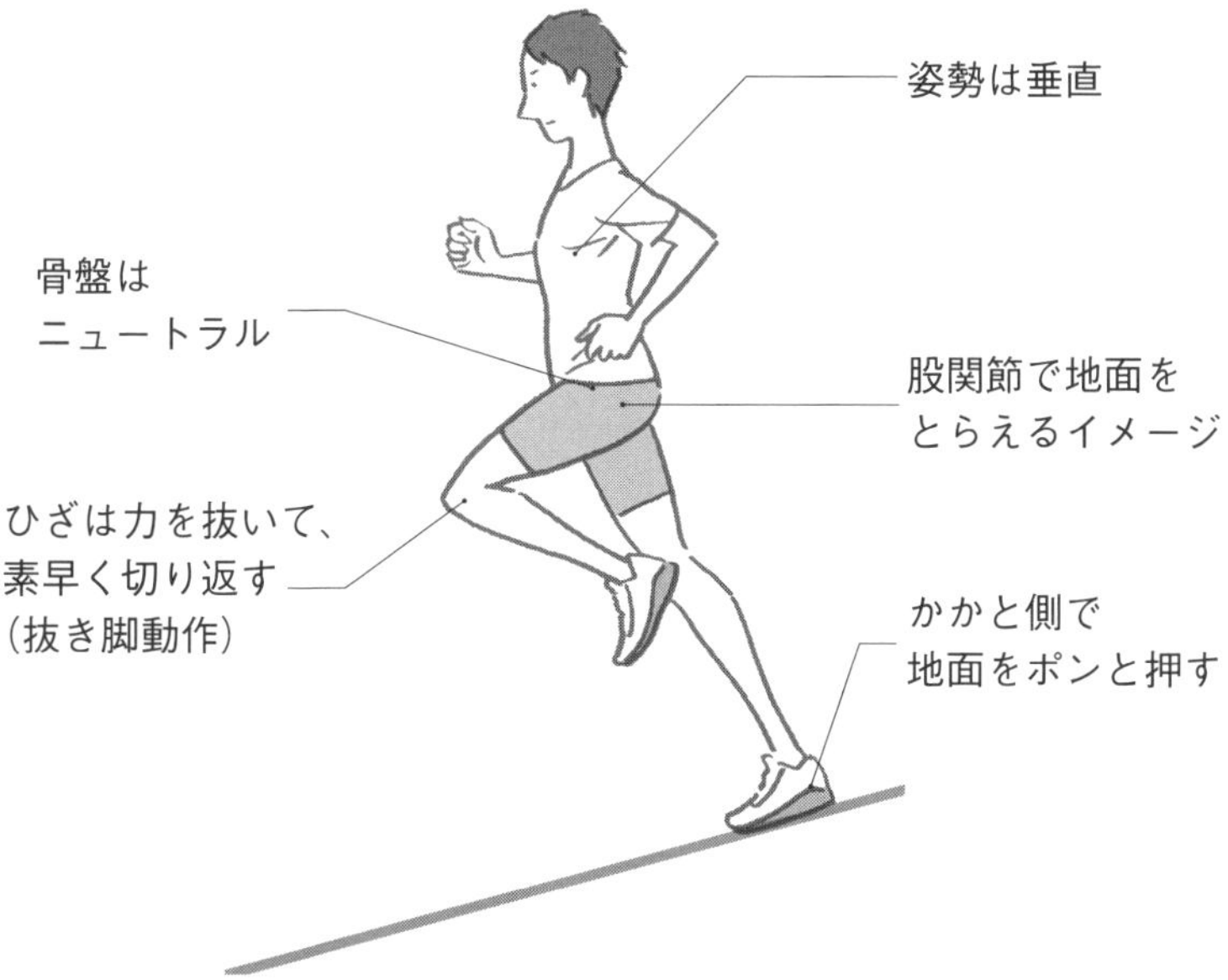

トレーニングのイメージ

下り坂走
（感覚をつかむ）

ミニハードル走
（&マーク走）

連続ジャンプ
（ハードルジャンプ）

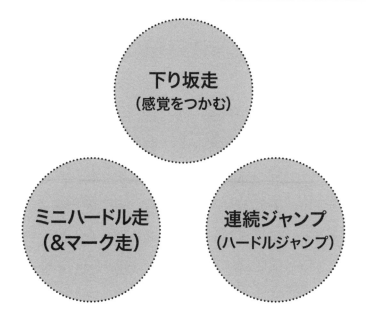

エネルギー効率を高めて後半に崩れないカラダをつくりたい！

エネルギー貯蔵量を多くして、エネルギー代謝効率を高めることができれば鬼に金棒です。ランニングで使うエネルギーは、主に「筋グリコーゲン」「糖質（グルコース）」「血中脂肪酸」「筋タンパク」などになります。ペースや運動時間で優先順位は変わりますが、全身が同じ負荷ではないので同時に使われています。

①筋グリコーゲン
②糖質（グルコース）
③筋タンパクや血中アミノ酸（アミノ酸）
④血中脂肪酸

運動の強度が高いほど解糖系のエネルギー代謝の割合が増えるので、筋グリコーゲンやグルコースの消費が上がり、マラソンのような低強度運動の場合は、有酸素系回路、つまり血中脂肪酸の利用率が高まります。

これらエネルギー代謝の分かれ目として、LT値などを指標にして、ペースで判断することが多いと思いますが、効率性を高めるという意味では、その速度を生み出す走りの出力の話になります。つまり、**フォームによって、どのエネルギー源と代謝経路を使って運動エネルギーを産生して利用するかが違ってくる**ということ。

ランニングは全身運動であり、左右交互に違う動きをする走動作は、負荷がかからない部位や動作局面があると考えられます。脚に着目しても、空中姿勢の局面ではリラックスして力を使っていないので、スピードに乗っていたとして、必ずしもグルコースがエネルギー源になっているとは限らず、筋肉（部位）や動作の局面によっても異なります。リラックスしたよい動きは、各部位の筋肉に大きな負荷をかけることなく動かせるのです。

したがって、エネルギー代謝の効率を高めるのは、フォームの経済性を求めることと同義になります。速くラクに走ることができるフォームなら、出力や負荷が減り、LT速度が高まる計算は十分に成り立ちます。

筋グリコーゲンの貯蔵量を増やすには？

また、LT速度を向上させ、有酸素系で走る割合を増やすことは、筋グリコーゲンやグルコースの節約になり、持久力を高めることに貢献することになります。距離が長いマラソンの場合、筋グリコーゲンは30㎞くらいで枯渇するといわれ、前述のとおりペースによって使うエネルギー源は違ってきますが、**筋グリコーゲンの貯蔵量が多いほうが有利**なのは明らかです。

では、筋グリコーゲンの貯蔵量をどのように高めていくかというと、**筋グリコーゲンが枯渇するようなトレーニングを何度も実施し、継続する**ことです。上限なく高まるわけではありませんが、人間のカラダは身体活動に必要となるものを備えようとする適応力があります。

ＬＴ速度の改善は、脂肪酸を多く使う有酸素系の開発ともいえ、同じ速度で走る場合に、有酸素系エネルギー代謝の利用比率を高めることが、エネルギー効率を高めることになります。エネルギー物質であるＡＴＰ産生の量は有酸素系のほうが圧倒的に多いからです。

このように、エネルギー効率を高めるために考えるべきことは、**「ランニングフォームの効率を高めて、有酸素系エネルギー代謝で走る割合を増やすこと」**、そして**「筋グリコーゲンの貯蔵量を高めること」**。トレーニングによってこれらにアプローチすることが、最高のパフォーマンス発揮へとつながるのです。

後半に崩れないカラダづくりのポイント

- 全身の筋力アップ
- VO2 MAX65～85%の負荷領域で有酸素トレーニングを積み、脂肪酸を使う比率をアップ
- 筋肉を局所的に使ってしまうフォームの改善
- 筋肉をムダに消費してしまうフォームから、物理の法則を利用したフォームへの改善
- 栄養を工夫する（クエン酸の摂取などで脂肪を利用する比率を高める）
- 筋グリコーゲン貯蔵量を高める豊富なトレーニングを積む

故障明けのカラダを慣らしたい！

故障の際に第一にすべきことは、**故障の原因を究明すること**です。原因を理解せずに前に進もうとしても、同じことを繰り返すことになります。さらには、故障しないために練習を減らしたり、強くなるための手段が減らされたりすることになりかねません。ここは自分と向き合って、突き詰めていく必要があります。

故障が治ったら練習を再開していきます。徐々に量を増やし、負荷を高めていくことが鉄則なのはいうまでもありません。

その前に、故障してランニングを休止している間、**バイクトレーニング**や**水泳**、**サーキットトレーニング**などを患部に負担がかからない方法で実施しておくと、**持久系能力の低下を防ぐ**ことができます。高負荷メニューを工夫して取り入れることで、**解糖系（乳酸系）能力のレベルアップ**も可能です。これらの工夫が、復帰後のトレーニングをスムーズにします。

故障明けは、段階的に負荷を高めていくことが大切。ランニングの分類で示したように、ジョギングのペースにこだわり、スロー⇒イージー⇒ミドルと負荷と走行時間を増やしていきながら、ランニングまで持っていきます。大抵の場合、故障期間に体脂肪が増え、走動作に使う筋肉の力が落ちています。重くて筋力が低下した状態でランニングの負荷を高めていくのはリスクが高いので、その間、バイクや水泳でインターバルトレーニングを入れておくとよいでしょう。

そのほか、筋力トレーニングや自重負荷の補強運動を多く取り入れ、ストレッチや動きづくり、走ドリルも同時並行で実施していきます。**カラダのポテンシャルを総合的に高める**ことを最低でも1ヵ月、できれば、2ヵ月くらいは継続したほうが、その後が順調にいくと思います。

ランニングまでペースを上げられるようになったら、**ペース走**や**軽めのインターバル**などで、ランニングに必要な脚筋をつくり、余分な体脂肪を削ぎ落していくとよいでしょう。焦りは禁物。故障は自分自身に課題があることの証明です。課題修正とカラダづくりを進めながら、完全復帰を目指しましょう。

故障した場合のトレーニング例

故障中

故障箇所に負担がかからないトレーニングで持久力低下を防ぐ

・バイクトレーニング

60秒全力漕ぎ〈60秒軽く漕ぎながら休息〉	×	5〜10
15〜20分（心拍数160前後）漕ぎ	×	2〜3

・水泳

50m 90〜95% MAX〈40秒休息〉	×	10〜20
100m 90〜95% MAX〈60〜80秒休息〉	×	7〜10

故障明け

段階的に負荷を高めていく

1〜2カ月

・ジョギング
スロー⇒イージー⇒ミドルと段階的に負荷を上げていき、ランニングまで上げる

・動きづくりドリル
ストレッチ、動きづくりドリルやエクササイズを行う

同時進行で
・自重筋トレ
・水泳
・バイク
などで補強

ランニングペースまで上げられるようになったら……

- **ペース走**
- **軽めのインターバルトレーニング**

知識

「最高の1歩」のための栄養学

ランナーに必要な栄養摂取といっても、なにも特別なことはありません。とにかく**栄養バランスのよい食事**を心がけることです。

ランニングの直接のエネルギー源となる**炭水化物・タンパク質・脂質**の**三大栄養素**はもちろん、カラダの代謝をうながす**ビタミン**や、体内バランスを整える**ミネラル**と、**五大栄養素**はすべてランナー必須といえます。どれが欠けても、必ずカラダの強化やコンディションの維持に影響が出てくるため、バランスよくとるようにしましょう。

ランナーが意識すべき栄養補給

また、全身への酸素運搬能力を高める意味で、血液の赤血球を増やすことを意識したほうがよいでしょう。酸素を運ぶのは、赤血球中の**ヘモグロビン**であり、その材料はアミノ酸と鉄です。腎機能の状態が貧血に影響するので、腎臓の機能を亢進させる食材を選ぶことも有効です。着地の衝撃で赤血球が破壊されるともいわれるので、貧血対策の食事もメニューに取り入れましょう。

もうひとつ意識したいのが、高強度トレーニング前後の栄養摂取。走力アップには高強度トレーニングが必須で、解糖系のエネルギー代謝をメインに使います。**解糖系の材料は糖質**であるため、必ず**トレーニングの前後に糖質を摂取する**ことをおすすめします。栄養不足でトレーニングの強度が落ちたり、効果が半減したりしては、せっかくの苦労が台無しになってしまいます。

トレーニング後に、筋肉の分解を防ぐため、プロテインを摂取しているランナーもいますが、それよりもスポーツドリンクなどで糖質を摂取することを優先させたほうがよいと思います。

知識 疲労回復に役立つ「BCAA」とは？

日々のトレーニングにおいて、疲労をためないようにすることは、故障を回避するだけでなく、トレーニングの質を高めるうえでも重要なマネジメント要素です。トレーニングでの強化は、**「運動・栄養・休養」**のサイクルで回していきますが、休養もトレーニングの一環としてとらえ、しっかりカラダを回復させることを心がけましょう。

まず、カラダを回復させるために、最も大切なのは**睡眠**です。質の高い睡眠を心がけ、常に万全の状態で練習に臨むことが、効率のよい強化へとつながります。

BCAAは疲労回復をサポート！

また、疲労回復に役立つ**「BCAA」**の摂取を取り入れてみるのもおすすめです。

BCAAとは、必須アミノ酸のうち、バリン、ロイシン、イソロイシンの総称。これらは枝分かれするような分子構造をしているため**「分岐鎖《ぶんきさ》アミノ酸」**とも呼ばれています。トレーニングでダメージを受けた筋肉を修復し、筋疲労や筋肉痛の軽減に効果が期待できるだけでなく、**脳内の疲労感や倦怠感（中枢性疲労）を緩和すると**もいわれています。

中枢性疲労のメカニズムのひとつに、脳内でトリプトファンという物質が増えすぎることがあります。血中のトリプトファンは、激しい運動後に増加するとされており、BCAAはトリプトファンの脳内への輸送を抑制する作用があるといわれています。

トレーニング後にBCAAを含むサプリメントやドリンクを摂取すれば、疲労が軽減できるというわけです。

ただし、BCAAのとりすぎは、疲労を増長させる逆効果を招く可能性もあるので、注意が必要です。

攻略 最高のレースマネジメント

計画どおりにトレーニングを進め、走力の強化が順調に運んだとすれば、あとは本番レースを迎えるのみ。これまでの努力はすべて、目標のレースを成功させるために頑張ってきたのですから、ぜひ失敗せずに走り切りたいものです。

設定ペースを守ることが基本

成功するレースのポイントは、当然ですが、**自分の目標タイムから設定したペースを守ること**。終盤に失速したり、失敗レースのパターンにはまり込んでしまったりするのは、大概が**オーバーペース**によるもの。カラダは、すでにトレーニングでつくり上げてきたはずなので、自分の実力どおりのペースで走ることが基本です。

調子がよいからといって、設定ペース以上のスピードで走ってしまうと、確実に後半が苦しくなります。フルマラソンの場合、トレーニングでやってきたこと以上の力は、ほとんど出ることはありません。

では、逆に調子が悪いときはどうすればいいのでしょうか？　こういうときは、ペースを落としたりするものですが、実は練習で調子が悪いながらもガマンして粘る走りを経験していれば、レースでも設定ペースで粘っていると、**調子が持ち直す**ことがあります。しかし、このケースは練習していれば、という条件つきなので、**感覚に合わせてペースを調整**しましょう。

1歩の力の入り方を早めにチェック！

レース前半でやっておきたいのは、1歩の力の入り方の確認。たとえば、アスリートなら先頭集団についていくとして、このペースに合わせるために、**自分の1歩でどれくらいの力を使っているか**を感覚的に確認します。

「これでは持たない」と感じるのであれば、少し力を抜いた走りに切り替え、エネルギーの出力を抑えます。

市民ランナーの場合でも、設定ペースで走った場合の1歩に対する出力具合を確認し、早い段階で判断を下すようにしましょう。

また、自分の設定ペースと同じペースで、リズムも比較的合っているようなランナーを見つけ、**ペースメーカー**として利用することも労力を抑えるひとつの方法です。風よけになるほか、なによりペースコントロールやコースのラインどりなどを考えるストレスが減る分、エネルギーの節約になります。

補給についての考え方

基本は、**レース前の朝ごはん**。レースの4時間前にしっかりとした朝ごはんを食べ、直前にジェル食品などで補給しておけば、アスリートレベルであれば、途中はスポーツドリンクなどで糖質補給するくらいで間に合います。ちなみに私がフルマラソンを走る場合、ごはんより、糖質量やカロリーが高い切り餅（8個）やカステラを食べることが多かったと思います。

市民ランナーは、3～4時間かかるので、たとえば10㎞ごとにジェル食品をひとつとるなど、計画的に補給するとよいでしょう。好みやコンディションへの影響もあると思うので、**トレーニングの際に栄養補給を組み入れて、カラダの反応を試しておく**ことも重要です。

フォーム感覚のリセット

終盤は、筋疲労などが蓄積してきますが、そういうときこそフォームの感覚を確認しましょう。疲労によって**無意識にフォームが崩れてしまう**ことがあるからです。疲れているときに、フォームが乱れると余計にエネルギーを消費します。姿勢、腕の振り、股関節、接地時の重心など、たまにリラックスをして、**フォームの感覚をリセット**しましょう。

おわりに

挑戦することの楽しさ。

苦しいことはあるけれど、目標に向かって努力を続けること。その先にある「目標達成」という格別な喜びは、ほかには代えがたい人生の充実感があると思います。

私も今、挑戦を続けている真っ最中。

筑波大学陸上競技部の男子駅伝監督として、学生アスリートたちとともに箱根駅伝の本選出場という目標を掲げ、地道な努力を続けています。

監督就任から4年。当初は、予選通過までのタイム差が24分54秒という、突破には程遠い状況でした。それが2018年の予選会では、8分56秒まで短縮し、夢物語だった本選出場が、ようやく現実味を帯びてきたのです。

記録を伸ばしたのは、もちろん学生たちの頑張りによるもの。私はそれをサポートしただけです。しかし、サポートしようにも、学生たちにその気がなければ、どんなトレーニングも、どんな素晴らしい科学的な理論も無意味です。

目標を達成するために、一番大切なもの。それは「気持ち」です。

「箱根駅伝に出たい」という気持ちが、どれだけ強いのか？　どれだけ本気なのか？

私が最初に学生たちに伝えたことは、「本気で箱根駅伝を狙いにいく」という気持ちのうえでスタートラインに立つことでした。

本気モードになれば、同じ距離、同じ強度で走ったとしても、気持ちのないトレーニングと比較すると、その質はまったく違ってきます。一つひとつのトレーニング、たとえば楽しくない基本トレーニングにも明確なテーマが生まれ、自分と向き合う深度にも変化が生じます。そのようにトレーニングの質が向上すれば、結果が上向きになるのは当然です。

RUN

しかしながら、年々、箱根駅伝のレベルは上がり、予選通過にはまだまだ厳しい状況にあります。もしかしたら、目標を達成できないかもしれません。しかし、本気で取り組み、努力を積み上げ、その結果、成長を遂げた事実に変わりはありません。本気モードで目標に向かって邁進した時間は、きっと学生たちの人生の糧になるはずです。（編集部：2019年10月、箱根駅伝予選会で26年ぶりの本大会出場を決めた）

一般ランナーの皆さんも、それぞれの目標に向かって、挑戦を楽しんでいることだと思います。なかには、努力してもなかなか結果が出ずに悩んでいるランナーもいることでしょう。でも、「自己ベストを更新したい」という強い気持ちがあるなら心配ありません。自分の走りと向き合い、本書で紹介したような正しいフォームを身につけ、テーマを持ったトレーニングに地道に取り組んでいけば、必ず目標を達成できる日が来るはずです。そんな一助になればと、私は妻が代表を務めるEVOLUランニングクラブでもコーチ役を担っています。

『基本にこそ神が宿る』……誰かが言ったこの言葉を私は大切にしています。

EVOLU（EVOLUTION＝進化）に込めたのは「基本が人々を進化させる」という想い。物事の中心に存在するものは、普遍の基本原理です。

自分の限界を超えようと、基本に立ち返り、前向きに踏み出すこと。

それこそが、皆さんの人生にかけがえのない充実感を与えてくれる「最高の1歩」なのではないでしょうか。

筑波大学陸上競技部 男子駅伝監督
EVOLU ランニングクラブ ヘッドコーチ　弘山 勉

著者紹介
弘山 勉 HIROYAMA TSUTOMU

筑波大学陸上競技部 男子駅伝監督　　EVOLU ランニングクラブ ヘッドコーチ
1966年10月12日栃木県生まれ。筑波大学体育専門学群卒業。大学在学中は陸上部長距離ランナーとして、箱根駅伝に4年連続出場。2年生時は9区を担当し区間2位を記録、4年生時は長距離部門の主将として花の2区を担当した。大学卒業後は資生堂に入社。独学でトレーニングを行い、入社すぐの '90年別府大分毎日マラソンで3位、同年12月の福岡国際マラソンでは自己ベスト記録で2位に。その後、指導者に転身。2007年から2013年まで資生堂ランニングクラブの監督を務め、アトランタ、シドニー、アテネのオリンピック三大会に出場を果たした弘山（旧姓：鈴木）晴美選手などを育てる。"弘山理論"と呼ばれる科学的アプローチによるランニングメソッドは、パフォーマンスを上げたい一般のランナーから熱い支持を得ている。2015年4月に筑波大学陸上競技部 男子長距離コーチに着任。箱根駅伝本大会出場をめざしスタートした「筑波大学 箱根駅伝復活プロジェクト」の推進を担い、2019年10月に行われた予選会を突破し26年ぶりに"箱根復活"を成し遂げた。
http://tsukuba-hakone.win/
http://athlete.evolu.co.jp/

STAFF
企画・編集／千葉慶博（KWC）
カバーデザイン／渡邊民人（TYPEFACE）
本文デザイン／清水真理子（TYPEFACE）
イラスト／中村知史
校正／玄冬書林
協力／近野義人（EVOLU）

超効率的「ベストな１歩」が記録を伸ばす！
最高の走り方

2019年11月26日　初版第１刷発行
2021年７月６日　初版第４刷発行

著　者　弘山　勉
発行者　小澤洋美
発行所　株式会社　小学館
〒101-8001
東京都千代田区一ツ橋２-３-１
電話（編集）03-3230-5125　（販売）03-5281-3555
印刷所　共同印刷株式会社
製本所　牧製本印刷株式会社

ISBN978-4-09-310898-0
制作／遠山礼子・星一枝　販売／小菅さやか　宣伝／野中千織　編集／竹下亜紀